Arthur Thömmes

Unterrichtseinheiten erfolgreich abschließen

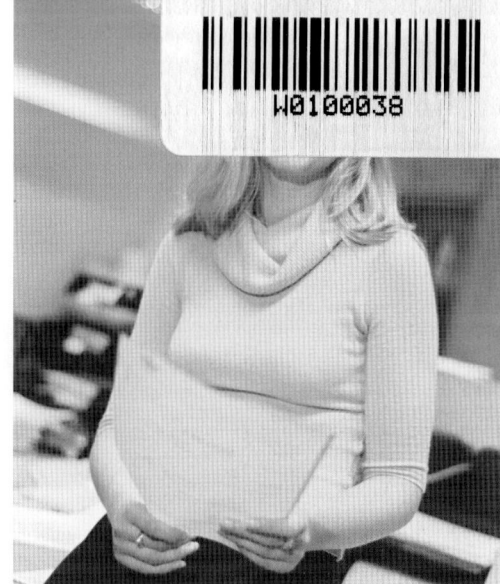

100 ergebnisorientierte Methoden für die Sek.

Nach der neuesten Fassung der Rechtschreibregeln – gültig ab August 2006!

Verlag an der Ruhr

Impressum

Unterrichtseinheiten erfolgreich abschließen
100 ergebnisorientierte Methoden für die Sek.

Autor: Arthur Thömmes
Druck: Druckerei Uwe Nolte, Iserlohn

Verlag an der Ruhr
Alexanderstraße 54 – 45472 Mülheim an der Ruhr
Postfach 10 22 51 – 45422 Mülheim an der Ruhr
Tel.: 0208/439 54 700 – Fax: 0208/439 54 239
E-Mail: info@verlagruhr.de
www.verlagruhr.de

© **Verlag an der Ruhr 2006**
ISBN 10: **3-8346-0153-5** (bis 12/2006)
ISBN 13: **978-3-8346-0153-7** (ab 2007)

**geeignet für
die Klasse** 5 6 7 ... 12 13

Die Schreibweise der Texte folgt der neuesten Fassung
der Rechtschreibregeln – gültig ab August 2006.

Gedruckt auf chlorfrei gebleichtes Papier

Inhaltsverzeichnis

Inhaltsverzeichnis

Liebe Kollegen*,

das Gefühl kennen Sie bestimmt:
Noch fünf Minuten bis zum Klin-
geln und Sie kommen ganz schön
ins Schwitzen! Das muss nicht sein!
Als Nachfolgeband von „Produktive
Unterrichtseinstiege" bietet dieses Buch eine
Vielzahl an Methoden, mit deren Hilfe Sie eine
Unterrichtsstunde, eine -einheit oder ein ganzes
Schuljahr effektiv beenden können.

„So, kurze Wiederholung:
Hausaufgaben stehen an der Tafel,
6. Stunde fällt aus, morgen Vertretung bei
Herrn Scherz, Geld für die Klassenklasse,
Termin für Elternabend, Fenster zu, Stühle
hoch ... Hört mir überhaupt noch einer zu?"

In der Unterrichtspraxis hat der Abschluss,
neben der Einstiegs- und Erarbeitungsphase,
wenig Bedeutung. Zu Unrecht, wie ich meine.
**Denn der Unterrichtsabschluss hat zahlreiche
wichtige Funktionen:**

- ✪ Unterrichtsinhalte zusammenfassen und wiederholen,
- ✪ Ergebnisse sichern und dokumentieren,
- ✪ das Gelernte anwenden und üben,
- ✪ einen Ausblick geben und motivieren,
- ✪ organisatorische Fragen klären,
- ✪ Feedback einholen,
- ✪ die Konzentrationsfähigkeit der Schüler noch einmal fördern,
- ✪ sich mit Ritualen verabschieden.

Entsprechend dieser Funktionen sind die 100 Methoden in diesem Buch
gegliedert: Im **ersten Teil** finden Sie **Methoden**, die Ihnen dabei helfen,
eine Unterrichtsstunde oder -reihe sinnvoll **abzuschließen**. Hier finden Sie
z.B. meditative sowie konzentrations-, bewegungs- und motivationsfördernde

---

* Aus Gründen der besseren Lesbarkeit haben wir in diesem Buch durchgehend
  die männliche Form verwendet. Natürlich sind damit auch immer Frauen und
  Mädchen gemeint, also Lehrerinnen, Schülerinnen etc.

Methoden. Weitere Methoden beziehen sich auf den thematischen Abschluss, bei dem das Gelernte wiederholt, gefestigt und kontrolliert werden kann.

Mit den nachfolgenden **Feedback-Methoden** im **zweiten Teil** können Informationen darüber eingeholt werden, ob und wie die Schüler gelernt haben und wie das Verhalten von Lehrern oder Schülern wahrgenommen, erlebt und verstanden wurde. Einzelne Unterrichtseinheiten werden effektiv reflektiert. Ebenso lassen sich auch das Klassenklima und das Wohlfühlen an der Schule überprüfen.

Das Buch ist eine Fundgrube für kreative Abschlüsse. So sind die Methoden nicht auf bestimmte Fächer oder Themen festgelegt. Finden Sie die Methode, die zu Ihnen, Ihrem Thema und Ihrer Lerngruppe passt.

Zur leichteren Überschaubarkeit wird jede Methode auf einer Seite dargestellt. Dabei sind die Angaben zu Alter, Dauer und Ziel eine Hilfe für die Auswahl und den konkreten Einsatz. Die Beschreibungen der Methoden sind kurz gehalten und werden in einigen Fällen mit Beispielen verdeutlicht. Die Methoden können abgeändert und variiert werden. Dazu gibt es jeweils Anregungen und Vorschläge.

Die vorgestellten Methoden wollen die Freude am Lehren und Lernen fördern und somit dazu anregen, mit Zufriedenheit und einem guten Gefühl einen gemeinsamen Lernabschnitt zu beenden.

Arthur Thömmes

Abschluss-Methoden

Zu einer guten Stunde gehört auch ein guter Schluss!

Viele Schüler sind schon Minuten vorher innerlich und äußerlich auf das Unterrichtsende und auf die kommende Stunde eingestimmt, sodass die Aufmerksamkeit ganz plötzlich abfällt. Viele Lehrer dagegen werden vom plötzlichen Unterrichtsende, das in den meisten Schulen durch ein Klingeln signalisiert wird, überrascht. So bleibt häufig nicht mehr genug Zeit, um die Unterrichtsstunde richtig abzurunden.

Nur wenn ich als Lehrer den Abschluss in meiner Planung als festen Bestandteil der Unterrichtsstunde berücksichtige, wird er auch seine entsprechende Bedeutung bei den Schülern erhalten.

Ein guter Unterrichtsabschluss ist wie ein Höhepunkt, sozusagen die Krönung der Stunde. Dabei sind vor allem **zwei Akzente** möglich:

* Zum einen bietet der Unterrichtsabschluss die Möglichkeit, zur Ruhe zu kommen, sich zu sammeln und eine Offenheit für die nächste Stunde zu entwickeln. Dieser eher meditative Abschluss ist wichtig, damit sich das angesammelte Wissen zum einen setzen und man andererseits innerlich loslassen kann, um sich auf Neues einlassen zu können. Das gilt für Schüler und Lehrer (s. S. 11–29, „Ausklang").

* Zum anderen wird der im Unterricht erarbeitete Lerninhalt wiederholt, gefestigt oder zusammengefasst, der Lernerfolg gesichert oder kontrolliert und ein Ausblick auf die Weiterarbeit in der nächsten Stunde gegeben (s. S. 30–61, „Lernerfolge sichern und kontrollieren").

Ein abruptes Ende erzeugt bei Lehrern und Schülern ein unbefriedigendes Gefühl. Es bleibt keine Zeit für offene Fragen, und Nicht-Verstandenes kann nicht mehr erläutert werden. Daher sollte stets ein einprägsamer Schlusspunkt gesetzt werden. Auf den nachfolgenden Seiten finden Sie dazu einige Ideen.

 Alter
10–12 Jahre

 Dauer
Ca. 1 Minute

 Ziel

▣ sich verabschieden

▣ einen guten Eindruck hinterlassen

▣ Dank aussprechen

Beschreibung

Der Lehrer bedankt sich für eine gute und angenehme Unterrichtsstunde und verabschiedet sich von den Schülern mit einem entsprechenden Gruß, Wunsch („*Wir sehen uns morgen wieder. Ich wünsche euch noch einen schönen Tag!*") oder einem festen Ritual.

Hierzu stehen alle Schüler auf, klopfen zweimal auf den Tisch, klatschen zweimal in die Hand und rappen: „*Die Stunde ist zu Ende, wir klatschen in die Hände. Wir wollen nun nach Hause geh'n. Bis morgen dann! Auf Wiederseh'n!*"

Variante

Der Lehrer kann zusätzlich die Leistungen einzelner Schüler hervorheben.

Hinweis

Auch wenn das Verabschieden durch den Lehrer eine Selbstverständlichkeit sein mag, soll hier nochmals ausdrücklich auf deren motivierende Bedeutung hingewiesen werden. Außerdem: Der letzte Eindruck bleibt. Deshalb sollte der Lehrer darum bemüht sein, sich freundlich von den Schülern zu verabschieden.

2 Auszeit

Ausklang ○

Alter
10–19 Jahre

Dauer
1–2 Minuten

Ziel
➡ Kraft tanken
➡ zur Ruhe kommen

Beschreibung
Die Unterrichtsstunde schließt mit ein bis drei Minuten vollkommener Stille.
Wer will, kann dabei die Augen schließen. Die „Auszeit" kann auch
in die Zeit des Lehrerwechsels ausgedehnt werden.

Variante
➡ Ruhige und besinnliche Musik unterstützt die „Auszeit".
   Ein Schüler ist für diese Aufgabe zuständig.
➡ Eine solche kurze Auszeit kann auch am Beginn und
   während der Unterrichtsstunde durchgeführt werden.

Hinweis
➡ Anfänglich könnte diese Stilleübung wegen der Konzentrationsschwierigkeiten
   Probleme bereiten. Daher sollte die Zeit der Stille behutsam eingeübt werden,
   um so zu einem erholsamen Ritual zu werden.
➡ Setzen Sie nicht immer zwangsläufig Musik ein. Die Schüler werden im Alltag
   ständig beschallt. Die kurze Zeit der Stille tut ihnen mal gut.

○ **Ausklang**

Alter
10–19 Jahre

Dauer
2 Minuten

Ziel
⊡ Bewegung
⊡ Verkrampfungen lösen
⊡ Lockerungsübung

Beschreibung
Alle Schüler stehen auf. Sie stellen sich vor, sie würden Äpfel von einem Baum ernten und in einen Eimer legen. Manche Äpfel hängen ganz hoch und man muss sich entsprechend hoch strecken, um sie greifen zu können. Dabei kann man mit beiden Händen oder abwechselnd links und rechts zugreifen.

Variante
Die Lockerungsübungen können den ganzen Körper oder Körperteile betreffen (z.B. Gähnen, Grimassen schneiden, Dehnungs- und Lockerungsübungen, mit einer imaginären Axt Holz hacken).

Hinweis
Nach dem verkrampften und bewegungsarmen Sitzen regt diese Methode die Konzentration der Jugendlichen wieder an.
Achtung: Vorsicht ist geboten bei Jugendlichen in einem „bestimmten Alter", in dem solche Übungen eher als albern und peinlich empfunden werden. Also: Lieber sein lassen!

Die La-Ola-Welle

Ausklang ◁

Alter
10–14 Jahre

Dauer
2 Minuten

Ziel
→ Bewegung und Konzentration

Beschreibung

Die Schüler starten am Ende der Unterrichtsstunde die La-Ola-Welle aus dem Fußballstadion. Dabei reißen sie nacheinander kurz die Arme hoch und herunter, stellen und setzen sich abwechselnd hin. Jeder Schüler muss genau darauf achten, wann er an der Reihe ist. Nacheinander wird die Welle dabei immer schneller und am Schluss wiederum ganz langsam bis zum Stillstand.

Variante

Die Schüler machen eine Geräusch-La-Ola-Welle, indem sie bestimmte Laute von sich geben und dabei lauter und leiser werden.

Hinweis

Die La-Ola-Welle ist ein sich „wellenförmig verbreitender Ausdruck überschwappender Begeisterung" – so steht es im Fußballlexikon. Es wäre doch schön, wenn sich am Ende einer Unterrichtsstunde die Begeisterung über den Unterricht in Form der Schüler-Welle ausbreiten würde.

Abschiedslied

● Ausklang

Alter
10–14 Jahre

Dauer
3 Minuten

Material
Lied „Wir sind ganz leise"

Ziel
➡ ruhig werden

➡ Konzentration

Beschreibung

Die Schüler summen zunächst die Melodie des Liedes „Wir sind ganz leise". Beim anschließenden Singen der Strophen werden die entsprechenden Handlungsanweisungen (Augen schließen, Hände geben, an etwas Schönes denken, in die Augen schauen) ausgeführt. Am Schluss wird das Lied nochmals gesummt.

Variante

Das Lied wird durch den Lehrer bei plötzlicher Unruhe in der Klasse leise gesummt und anschließend von allen eingestimmt.

Hinweis

Das Abschiedslied kann zu einem schönen Ritual werden, um die Stunde in Ruhe abzuschließen. Es kann von Woche zu Woche wechseln.

Finger-Atem-Jogging

Ausklang ◄

Alter
10–14 Jahre

Dauer
5 Minuten

Material
Stuhl

Ziel
▶ Entspannung und Konzentration

Beschreibung

Die Schüler setzen sich aufrecht auf einen Stuhl. Dabei lehnen sie sich nicht an.
Die Fingerspitzen der beiden Hände werden aufeinandergelegt (Daumen an
Daumen, Zeigefinger an Zeigefinger usw.). Dabei zeigen die Daumen nach oben
und die restlichen Finger nach vorne.
Alle schließen die Augen und atmen ruhig und entspannt ein und aus.
Beim Einatmen wird jeweils ein Fingerpaar getrennt, beim Ausatmen berühren sie
sich wieder. Bei jedem Ein- und Ausatmen wird ein anderes Fingerpaar benutzt.

Variante

Die Übung wird von jeweils zwei Schülern durchgeführt, indem sie ihre Hände
aufeinanderlegen und gemeinsam rhythmisch, aber ruhig atmen.

Hinweis

Die Übung wirkt anfänglich ein wenig albern, aber sie zeigt schon nach
einigen Minuten eine sehr beruhigende Wirkung.

○ **Ausklang**

 Alter
14–19 Jahre

 Dauer
5 Minuten

 Ziel
→ Motivation

Beschreibung

Die Schüler stellen sich vor, sie wären Teilnehmer einer „Kaffeefahrt",
bei der geschulte Verkäufer ihre Materialien anbieten.
Ein Schüler übernimmt (freiwillig) die Aufgabe, seinen Mitschülern die
Wichtigkeit und große Bedeutung des behandelten Themas zu verdeutlichen
(Warum wir uns weiter mit dem Thema beschäftigen sollten?).
Die Schüler können dem Themen-Verkäufer Fragen stellen oder Gegenargumente
bringen (Was habe ich davon, wenn ich mich auf das Thema einlasse?
Was hat es mit meinem Leben zu tun?).

Variante

Der Lehrer übernimmt die Rolle des Verkäufers.

Hinweis

→ Die Schüler sollen mit dieser Übung vor allem zur Weiterarbeit
am Thema ermuntert und motiviert werden.

→ Neben der inhaltlichen Auseinandersetzung ermöglicht die Übung
auch das Einüben rhetorischer Kompetenzen.

Das ist mein Ohr

Ausklang ◁

 Alter
10–16 Jahre

 Dauer
5 Minuten

 Ziel
➡ Einüben von Konzentration

Beschreibung

Die Schüler setzen sich in einen Kreis. Schüler 1 fasst sich an den Bauch und sagt: „Das ist mein Ohr." Schüler 2 muss den Körperteil berühren, den Schüler 1 genannt hat – also das Ohr. Er nennt ein weiteres Körperteil, z.B.: „Das ist mein Knie." Schüler 3 fasst sich an sein Knie usw.

Variante

➡ Das Tempo der Übung wird nach und nach gesteigert.

➡ Die Übung lässt sich auch gut durchführen, wenn z.B. Vokabeln wiederholt werden sollen. Dabei nennen die ersten beiden Schüler jeweils eine Vokabel. Der dritte übersetzt die erste Vokabel, der vierte die zweite usw.

Hinweis

Die Schüler müssen sich bei dieser Übung gut konzentrieren und genau hinhören und -schauen, was der Vorredner sagt und macht.

◗ **Ausklang**

 Alter
10–14 Jahre

 Dauer
5 Minuten

 Material
Musik

 **Ziel**
→ Bewegung und Konzentration

Beschreibung

Die Schüler bewegen sich frei im Raum. Im Hintergrund läuft Musik. Alle gehen ruhig und konzentriert. Die Schüler sollen eine Bewegung vollziehen oder eine Haltung einnehmen, die der Lehrer vorgibt. Er gibt ein Zeichen, wenn alle wieder normal weitergehen sollen. Danach folgt die nächste Aktionsanweisung.

Beispiele:
→ Schneckentempo	→ Autorennen
→ in den Arm nehmen	→ den Buckel runterrutschen
→ Hände hoch	→ Hindernisse wegräumen
→ lahme Ente	→ angreifen
→ hinfallen	→ anbeten
→ sich schieflachen	→ die Ruhe bewahren
→ Hände schütteln	→ …

Variante

→ Die Schüler geben die Haltungen und Bewegungen vor.

→ Der Schüler, der beginnt, klatscht dazu in die Hände und macht die Bewegung vor. Er klatscht mit einem ihm nahe stehenden Schüler auf ein Zeichen ab. Alle gehen weiter und der Abgeklatschte gibt eine neue Anweisung.

Hinweis

Die Schüler sollten darauf achten, dass niemand bei den Übungen verletzt wird.

≫ 10 Klatschrunde

Ausklang ◐

Alter
10–16 Jahre

Dauer
5 Minuten

Ziel
→ Bewegung und Konzentration

Beschreibung

Alle stehen in einem Kreis. Der Lehrer klatscht einmal in die Hände.
Nacheinander klatschen alle Schüler (Uhrzeigersinn) einmal in die Hände.
Das Tempo wird nach und nach erhöht. Wenn einer doppelt in die Hände
klatscht, wird die Richtung geändert. Wenn jemand „Ach so!" sagt und auf
einen Teilnehmer zeigt, setzt dieser das Klatschen (Uhrzeigersinn) fort.
Durch die Änderung des Tempos kommt viel Bewegung ins Spiel.

Variante

→ Die Übung kann auch mit anderen Körpergeräuschen oder
  Lauten durchgeführt werden.
→ Wer einen Fehler macht, scheidet aus dem Spiel aus.
→ Für fortgeschrittene Klatscher: Es gibt zwei oder sogar
  drei Klatschrunden gleichzeitig.
→ Der erste Schüler wendet sich seinem rechten Nachbarn zu und sagt „Ja".
  Das untermalt er deutlich mit der Stimme und mit Gesten. Der Angesprochene
  wiederholt dieses Vorgehen. Wenn ein Mitspieler „Nein" sagt, ändert sich die
  Richtung. Ein Spieler kann auch eine ganz neue Runde beginnen, indem er
  einen Mitschüler im Kreis in die Augen schaut und dabei „Ja" sagt.

Hinweis

Auch wenn die Übung zunächst ein wenig „kindisch" wirkt, merken Jugendliche
doch schnell, dass hierbei viel Konzentration gefragt ist.

Alter
10–19 Jahre

 Dauer
5 Minuten

 Material
Tafel, Papier, Stifte

 Ziel
- ➔ Gedächtnis trainieren
- ➔ Konzentration

Beschreibung

Der Lehrer schreibt zehn Begriffe an die Tafel. Die Schüler sollen sie durchlesen und sich genau merken. Anschließend wischt er die Begriffe aus und stellt eine Zwischenaufgabe (z.B.: Nenne alle Zahlen von 0–40, die durch Vier teilbar sind oder eine Vier enthalten!). Im Anschluss daran sollen die Schüler die anfangs eingeprägten Begriffe auf ein Blatt Papier schreiben.

Variante

- ➔ Gegenstände werden auf dem Boden ausgelegt und anschließend zugedeckt.
- ➔ Die Schüler schauen sich ein Bild an und sollen anschließend aufschreiben, was sie gesehen haben.
- ➔ Alle schauen aus dem Fenster und sollen anschließend aufschreiben, was sie gesehen haben.
- ➔ Unterschiedliche Formen (Dreieck, Kreis, Quadrat) werden auf dem Overhead-Projektor vorgestellt. Die Schüler sollen Figuren nachzeichnen.

Hinweis

Spielerische Gedächtnistraining-Übungen fördern das Wissen, die Wahrnehmung und die Kreativität. Die Übungen können regelmäßig am Ende einer Unterrichtsstunde durchgeführt werden.

Ausklang ◁

 Alter
10–14 Jahre

 Dauer
5 Minuten

 Ziel
➡ Entspannung und Entlastung

Beschreibung

Alle Schüler stehen im Kreis und blicken auf den Boden.
Auf ein Kommando hin blicken alle hoch und jeder schaut einen
anderen Schüler an.
Treffen sich zwei Augenpaare, schreien die Betreffenden sich laut an.
Sie können dabei auch näher aufeinander zugehen.
Danach verlassen sie den Kreis. Es beginnt eine neue Runde.

Variante

Eine Alternative zum Schreien ist das Lachen. Das kann in unterschiedlichen
Schritten durchgeführt werden. Ein Schüler beginnt mit dem Lachen,
es folgt ein zweiter, dritter usw. Alle lachen einmal kräftig und laut.

Hinweis

Das Schreien ist eine sehr entlastende Übung am Ende einer Unterrichtsstunde.
Schnell fallen viele Belastungen, die sich angesammelt haben, ab.

Alter
10–14 Jahre

 Dauer
5 Minuten

 Material
CD-Player, CD

 Ziel
▸ Bewegung und Entspannung

Beschreibung

Die Schüler werden eingeladen, sich nach einer Musik zu bewegen
oder zu tanzen. Dabei kann sich jeder so ausdrücken, wie er es möchte.
Ein abgedunkelter Raum fördert die Bereitschaft zum Tanzen.

Hinweis

▸ Kein Schüler sollte zum Tanzen gezwungen werden.
▸ Gut geeignet zum Tanzen sind aktuelle Charttitel.
  Die Schüler können die Musikauswahl auch selbst treffen.

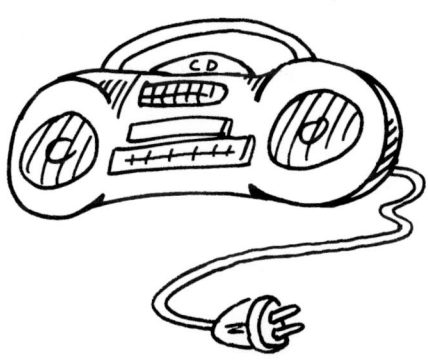

Ausklang ◁

Alter
10–19 Jahre

Dauer
5 Minuten

Material
Frische Luft

Ziel
➡ Entspannung

Beschreibung

Die Schüler stellen sich entspannt auf und atmen dreimal wie gewöhnlich ein und aus. Dann schließen sie die Augen und saugen die Luft langsam durch die Nase ein. Dabei hebt sich die Bauchdecke. Die eingeatmete Luft wird kurz angehalten. Anschließend wird die Luft langsam wieder ausgeatmet. Dabei senkt sich die Bauchdecke wieder. Es folgt eine kurze Atempause. Dann wird die Übung, je nach Bedarf, noch einige Male wiederholt.

Variante

Besonders befreiend und entlastend wirkt das Gähnen. Die Schüler öffnen den Mund möglichst weit und gähnen dabei intensiv. Dabei dürfen auch die entsprechenden Laute gemacht werden. Danach wird der Mund langsam geschlossen und es folgen weitere Gähnübungen.
Ein heftiger Seufzer hat einen ähnlichen Effekt wie das Gähnen.

Hinweis

➡ Vor der Atemübung sollten die Fenster weit geöffnet werden.
➡ Sie sollten darauf achten, dass besonders intensive Atmung auch zu Schwindelgefühlen führen kann.

○ **Ausklang**

 Alter
10–14 Jahre

 Dauer
5 Minuten

 Material
Luftballon

 Ziel
→ Zurückhaltung und Konzentration

Beschreibung

Alle Schüler bleiben auf ihrem Platz sitzen und führen bei der folgenden Übung keine hektischen Bewegungen aus. Der Lehrer wirft einen großen Luftballon in den Raum. Die Schüler sollen ihn durch behutsame Berührung im Raum fliegen lassen. Niemand spricht bei der Übung. Dabei kann leise Musik die Konzentration und Ruhe fördern.

Variante

→ Nach und nach werden mehrere Luftballons eingesetzt.
→ Auch ein Wechsel zwischen Schlagen und Berühren ist möglich.
→ Der Luftballon kann auch zum Aggressionsabbau eingesetzt werden. Dabei ist es erlaubt, fest zuzuschlagen. Entsprechende Punching-Luftballons eignen sich besonders gut dafür.

Hinweis

Manche Jugendliche neigen dazu, eher zuzuschlagen, statt den Luftballon vorsichtig zu berühren. Deshalb sollten die Spielregeln genau erläutert werden.

Rückenmassage

Ausklang ◀

 Alter
10–16 Jahre

 Dauer
5 Minuten

 Ziel
➡ Entspannung

Beschreibung

Ein Schüler setzt sich bequem auf einen Stuhl. Ein anderer steht hinter ihm und „backt eine Pizza auf seinem Rücken". Dabei legt er den Teig aus, knetet ihn, rollt ihn aus, belegt ihn mit Zutaten, schiebt das Ganze in den Backofen und schneidet die Pizza.
Die entsprechenden Handbewegungen werden auf dem Rücken gemacht. Nach der Übung werden die Rollen getauscht.

Variante

Weitere Massage-Ideen:
➡ ein Auto in der Waschstraße
➡ Massage mit dem Igelball
➡ Wettermassage
➡ Massagegeschichte erzählen

Hinweis

Wegen der verspannten Sitzhaltung sind Übungen zur körperlichen Entspannung im Laufe des Schultages sehr sinnvoll. Die Massageübungen fördern das körperliche und psychische Wohlgefühl.

Alter
10–14 Jahre

Dauer
10 Minuten

Ziel
→ Konzentration

Beschreibung

Der Lehrer schreibt ein langes Wort an die Tafel. Die Schüler haben die Aufgabe, aus den Buchstaben des Wortes so viele neue Wörter wie möglich zu bilden. Es wird eine Zeit vorgegeben, in der die Aufgabe gelöst werden muss. Wer hat die meisten Wörter gefunden? Der Sieger kann ein neues Wort vorgeben, das die Schüler bearbeiten sollen.

Beispiel: Hundehalterversicherung: Hand, Tat, Schrei …

Variante

→ Die Schüler sollen eine Wörterkette bilden. Dabei wird ein zusammengesetztes Hauptwort vorgegeben. Der zweite Teil des Wortes bildet den Anfang für ein neues Wort (z.B. Hauptbahnhof – Bahnhofskantine – Kantinenwirt – …). Die Wörterkette kann sich auch jeweils auf ein festgelegtes Thema beziehen.

→ In einem vorgegebenen Text mit Wortlücken sollen die Schüler so schnell wie möglich die fehlenden Buchstaben ergänzen.

→ Die Schüler sollen in drei Minuten möglichst viele Wörter finden, die die Buchstabenfolge „ei", „aum" oder „am" enthalten.

→ In einer langen Reihe von Buchstaben sind bestimmte Begriffe versteckt, die gesucht werden sollen.

→ Begriffe sollen in Gruppen geordnet werden.

Hinweis

Die vielfältigen Methoden mit Buchstaben und Wörtern sollen vor allem die Konzentration fördern.

Gezieltes Austoben

Ausklang ◄

Alter
10–14 Jahre

Dauer
10 Minuten

Ziel
➔ sich konzentriert bewegen

Beschreibung

Die Schüler begeben sich auf den Schulhof und stellen sich gemeinsam
in eine Ecke. Auf das Kommando des Lehrers sollen sie einen Punkt oder
einen Gegenstand fixieren und so schnell wie möglich darauf loslaufen.
Dabei sollen sie darauf achten, dass sie niemanden beim Laufen berühren.
Vom neuen Standpunkt aus sollen sie wieder ein neues Ziel aussuchen
und darauf losrennen. Die Übung wird insgesamt vier- bis fünfmal wiederholt.

Variante

Mit einer kleineren Gruppe kann die Übung auch im Klassenraum
durchgeführt werden.

Hinweis

Kinder brauchen nach einer längeren konzentrierten Arbeitsphase
Bewegungsmöglichkeiten. Dazu sollte auch der Klassenraum verlassen
werden. Beim Austoben sollte der Lehrer darauf hinweisen, dass die Schüler
sich nicht gegenseitig verletzen und vorsichtig laufen.

○ **Ausklang**

 Alter
10–12 Jahre

 Dauer
10 Minuten

 Material
Musik

 Ziel
→ entspannender Ausklang

Beschreibung

Die Schüler bewegen sich nach Musik im Raum. Je nach Situation ist sie ruhig und getragen oder lebendig. Wenn die Musik stoppt, verharren die Schüler in ihrer momentanen Haltung. Der Lehrer gibt eine Aufgabe, die die Schüler lösen sollen. Diese bezieht sich auf die vorangegangene Unterrichtsstunde:

→ Stellt euch zu zweit zusammen und sagt in einem Satz,
   was euch an der Stunde gut gefallen hat!

→ Stellt euch zu dritt zusammen und sagt euch gegenseitig,
   wie ihr euch jetzt fühlt!

→ Stellt euch zu dritt zusammen und sagt euch gegenseitig,
   was ihr euch für die nächste Stunde vorgenommen habt!

Wenn die jeweilige Aufgabe erfüllt ist, setzt die Musik wieder ein und alle können sich wieder bewegen. Es folgen neue Musikstopps mit entsprechenden Anweisungen.

Variante

Die Fragen können variieren und auch nichts mit dem Unterricht zu tun haben (z.B.: Was hast du am Wochenende vor?).

Hinweis

Mit einem gemeinsamen Musikstopp-Spiel wird die Stunde beendet.

Wissenslücken

Lernerfolge sichern und kontrollieren ◁

Alter
10–19 Jahre

Dauer
ca. 5 Minuten

Material
Karten, Plakate, Stifte

Ziel
➡ Feststellen von Wissenslücken

Beschreibung
Die Schüler notieren auf vorgefertigten Karten (*„Das habe ich nicht verstanden"* und *„Dazu habe ich noch folgende Fragen")* ihre Wissenslücken.
Der Lehrer sammelt diese Karten ein

Variante
Die Schüler schreiben auf Plakate.

Hinweis
Nicht das, was die Schüler wissen und verstanden haben, steht im Mittelpunkt dieser Methode, sondern die Wissenslücken. Es geht nicht um die Aufarbeitung der Lücken, sondern um eine Bestandsaufnahme, die Konsequenzen für die kommende Unterrichtsstunde haben sollte. Die Schüler überprüfen durch diese Methode auch ihren Lernfortschritt.

○ **Lernerfolge sichern und kontrollieren**

Alter
14–19 Jahre

Dauer
5 Minuten

Material
Karten

Ziel
⇨ Ergebnissicherung

Beschreibung

Am Beginn der Unterrichtsstunde sucht sich jeder Schüler eine Karte mit einer gezielten Frage zum Unterrichtsthema aus. Die Schüler sollen sich während des Unterrichts dann genaue Notizen zu ihrem Thema und ihrer Frage machen. Am Schluss der Unterrichtsstunde präsentieren die „Experten" kurz und knapp ihre Antworten.

Variante

Der Lehrer notiert die Fragen zum Beginn der Stunde am Flipchart oder auf der Tafel und benennt die „Experten".

Hinweis

⇨ Die Methode sollte nicht als Form der Überprüfung verstanden werden.

⇨ Besonders sinnvoll erscheint es, in der Mitarbeit schwache Schüler mit einem solchen Spezialauftrag zu fördern.

Fragen stellen

Lernerfolge sichern und kontrollieren ◁

Alter
10–19 Jahre

Dauer
5 Minuten

Material
Fragekarten

Ziel
➡ Fragen zum Lernthema stellen

Beschreibung

Die Schüler erhalten Karten, auf denen sie Fragen zum behandelten Unterrichtsthema stellen können. Dabei sollte sich jeder auf eine präzise Frage beschränken. Die Karten werden gemischt und an die Schüler verteilt. Als Hausaufgabe beantworten die Schüler die Fragen.

Variante

Die Fragen werden auf einem Flipchart gesammelt. Die Schüler suchen sich eine Frage aus, die sie als Hausaufgabe beantworten.

Hinweis

➡ Mit Hilfe dieser Methode erhält der Lehrer eine Rückmeldung über seinen Unterricht, aber auch über Lernerfolge einzelner Schüler.

➡ Um die Schüler zu motivieren, sollten die Fragekarten nicht mit Namen versehen werden.

○ **Lernerfolge sichern und kontrollieren**

 Alter
10–19 Jahre

 Dauer
ca. 5 Minuten

 Material
ggf. Schulbuch, Arbeitsblatt

 Ziel
→ Aufarbeiten und Wiederholen des Erlernten
→ Motivieren und neugierig machen

Beschreibung
Die Schüler stellen sich gegenseitig klar formulierte Aufgaben, die sie zu Hause lösen bzw. bearbeiten sollen. Diese Aufgaben sollen möglichst kreativ sein.

Variante
Die Schüler erhalten unterschiedliche Wahlmöglichkeiten.

Hinweis
→ Die reproduzierende Funktion der Hausaufgaben sollte mit der produzierenden abwechseln. Als Hausaufgaben können Schüler auch mal etwas besichtigen, beobachten oder gestalten. Hausaufgaben sollten die Neugier und Motivation der Schüler wecken.
→ Hausaufgaben sollten vor allem das selbstständige Lernen fördern und Lerninhalte oder auch Lerntechniken durch entsprechende Übungen festigen. Die Schüler sollten die Möglichkeit zur Selbstkontrolle haben.
→ Die Hausaufgaben sollten die Schüler weder unter- noch überfordern.
→ Die Hausaufgaben müssten stets überprüft (Vollständigkeit, Richtigkeit, Sauberkeit) und gewürdigt werden.
→ Hausaufgaben sollten nicht als lästige Aufgabe oder gar disziplinierende Strafe empfunden werden.

Wissens-Quiz

Lernerfolge sichern und kontrollieren ○

Alter
10–19 Jahre

Dauer
ca. 5 Minuten

Material
Frage- und Antwortkarten

Ziel
▸ Rückmeldung für den Lehrer
▸ spielerische Wiederholung und Sicherung

Beschreibung

Der Lehrer hat zum behandelten Unterrichtsthema etwa 20 Fragekarten vorbereitet. Die Antworten stehen auf der Rückseite. Ein Schüler spielt den Quizmas-
ter. Die Befragten können sich freiwillig melden oder per Los bestimmt werden.

Variante

▸ Das Wissens-Quiz wird zu einem festen Ritual, das am Ende jeder
  Unterrichtsstunde steht.
▸ Die Schüler können mit richtigen Antworten, die sie im Laufe der Zeit
  geben, Punkte sammeln, die mit der Note verrechnet werden.
▸ Jeder Schüler kann im Laufe der Unterrichtsstunde eine Karte
  mit Frage und Antwort entwerfen.
▸ Jeder Schüler erhält etwa zehn Begriffs- bzw. Fragekarten. Auf der Rückseite
  befindet sich jeweils eine Erklärung bzw. Antwort, die zu einer anderen Karte
  gehört. Frage und Antwort sind durch Symbole (? und !) gekennzeichnet.
  Ein Schüler liest eine Frage vor. Die Schüler kontrollieren ihre Karten.
  Wer die Antwort findet, liest sie vor und stellt die nächste Frage.

Hinweis

Die Materialien können jederzeit wieder eingesetzt werden.

○ **Lernerfolge sichern und kontrollieren**

Alter
12–19 Jahre

Material
Plakate, Stifte, Flipchart

Dauer
ca. 5 Minuten

Ziel
▪ Visualisierung von Lerninhalten
▪ Wiederholung

Beschreibung
Die wichtigsten Lerninhalte der Unterrichtsstunde wurden von einem Schüler auf einem Plakat oder Flipchart notiert und am Ende der Stunde für alle sichtbar aufgehängt. Die Schüler können die notierten Lerninhalte kommentieren und ggf. abschreiben.

Variante
In jeder Stunde ist ein anderer Schüler für das Erstellen eines zusammen-fassenden Lernplakats zuständig, das er am Ende der Stunde präsentiert.

Hinweis
▪ Während der gesamten Zeit einer Unterrichtsreihe werden die Inhalte erweitert und bleiben sichtbar, sodass Lehrer und Schüler immer wieder darauf zurückgreifen können.
▪ Um sich in das Thema einzufinden, kann sich jeder Schüler am Beginn einer neuen Stunde auf den Lernplakaten über die bisherigen Lerninhalte informieren.

Stopp!

Lernerfolge sichern und kontrollieren ○

Alter
10 – 16 Jahre

Dauer
10 Minuten

Material
Begriffskarten

Ziel
➡ Wiederholung und Zusammenfassung
von Lerninhalten

Beschreibung

Jeder Schüler erhält eine Karte mit einem Begriff aus der Unterrichtsstunde,
den er kurz schriftlich erläutern soll. Nun beginnt der Lehrer mit der
Zusammenfassung und Wiederholung der Stunde.
Wenn ein Begriff von einer Karte genannt wird, ruft der Schüler laut „Stopp!"
und erläutert kurz den Begriff. Der Lehrer fährt fort, bis wieder ein zutreffender
Begriff genannt wird.

Variante

Die Karten werden am Anfang der Stunde verteilt. Das hat den Vorteil,
dass die Aufmerksamkeit gefördert wird, denn jeder wartet auf sein Stichwort.

Hinweis

Die fertig beschrifteten Karten können
nach und nach zu einer Lernkartei
zusammengefasst werden.

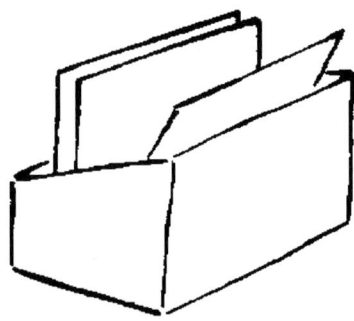

○ **Lernerfolge sichern und kontrollieren**

 Alter
10–19 Jahre

 Dauer
10 Minuten

 Material
Arbeitsblatt mit Lückentext

 Ziel
⇨ Wissen überprüfen und festigen

Beschreibung

Die Schüler erhalten ein Arbeitsblatt mit einem Lückentext.
Darauf sind an markierten Stellen die richtigen Begriffe oder
auch Merksätze einzutragen.

Variante

⇨ Jeder Schüler erstellt zu Hause einen Lückentext zum erlernten
   Unterrichtsstoff. Die Blätter werden untereinander ausgetauscht
   und anschließend vom Verfasser des Textes korrigiert.
⇨ Die Lückentexte werden online auf entsprechenden Internetseiten
   ausgefüllt. Dabei können die Schüler selbst überprüfen, ob ihre
   Antworten richtig sind.

Hinweis

Im Internet kann man mit so genannten Lückentext-Generatoren eigene
Lückentexte gestalten, die in gängige Textverarbeitungsprogramme
übernommen werden können (z.B.: **www.mdzonline.de/guu/luecke.html**).

Lernerfolge sichern und kontrollieren ◁

 Alter
10–19 Jahre

 Dauer
10 Minuten

 Material
Karteikarten

 Ziel
▶ Wiederholung und Sicherung der Fachbegriffe

Beschreibung

Die Schüler legen zu einer Unterrichtsstunde oder -reihe ein persönliches Fachwörterbuch an, in das sie neue Fachbegriffe eintragen.
Zur Erläuterung der Begriffe können sie auch zu Hause noch einmal in Fachbüchern, im Internet usw. nachlesen.

Hinweis

Eine wichtige Schlüsselkompetenz ist das Suchen und Verarbeiten von Informationen in unterschiedlichen Medien. Dabei ist bei der Recherche im Internet besonders darauf zu achten, dass die Quellen zuverlässig und die Informationen fachlich korrekt sind.

◔ **Lernerfolge sichern und kontrollieren**

 Alter
10–16 Jahre

 Dauer
10 Minuten

 Material
Arbeitsblatt

 Ziel
▣ Vertiefung und Wiederholung des Lernstoffs

Beschreibung

Der Lehrer verteilt am Ende der Stunde einen Text, der einige fachliche Fehler enthält. Die Schüler erhalten die Aufgabe, die Fehler zu finden und zu korrigieren. Die Ergebnisse werden kurz besprochen.

Variante

▣ Die Schüler erstellen als Hausaufgabe eigene Fehlertexte, die am Beginn der kommenden Stunde untereinander verteilt und bearbeitet werden.

▣ Nach dem Muster des Fernsehquiz' „Wer wird Millionär" erhalten die Schüler ein Arbeitsblatt mit einer Frage und vier möglichen Antworten. Dabei ist nur eine Möglichkeit richtig.

Hinweis

Bekanntlich lernt man aus Fehlern. Das gilt auch für den Unterricht. Gerade im Lernprozess können Fehler konstruktiv genutzt werden.

Löschaktion

Lernerfolge sichern und kontrollieren ◁

Alter
10–16 Jahre

Dauer
10 Minuten

Material
Overhead-Projektor, Folie

Ziel
▸ Wiederholen und Einprägen des Lernstoffs

Beschreibung

Der Lehrer legt am Ende einer Unterrichtsstunde oder -einheit eine Folie auf, die die wichtigsten Fakten des Lernstoffs zusammenhängend beschreibt. Der Text wird zunächst laut gelesen. Der Lehrer wischt vier wichtige Begriffe weg. Der Text wird erneut laut vorgelesen, und die entfernten Wörter müssen eingesetzt werden. Nach und nach entstehen immer mehr Lücken, die aus dem Gedächtnis gefüllt werden.

Variante

▸ Die Schüler wischen die entsprechenden Wörter weg.
▸ Die Übung kann auch an der Tafel eingesetzt werden.
▸ Am Computer lassen sich entsprechende Lückentextübungen
  mit Power-Point oder einem Textverarbeitungsprogramm gut vorbereiten.

Hinweis

Die Übung eignet sich auch gut, wenn ein Text auswendig gelernt werden soll.

Alter
10–16 Jahre

Dauer
10 Minuten

Material
Ball

Ziel
▣ Wiederholung

Beschreibung

Schüler A schreibt einen Begriff aus der Unterrichtsstunde auf die Rückseite der Tafel. Er wirft einen Ball an Schüler B. Dieser stellt ihm eine Frage, die Schüler A nur mit „Ja" oder „Nein" beantworten darf. Der Ball wird bei „Nein" weitergeworfen, bei „Ja" darf der Schüler eine weitere Frage stellen. Wer den Begriff errät, darf sich einen neuen Begriff ausdenken.

Variante

Bei jüngeren Schülern kann mit dieser Methode auch nur ein Begriff gesucht werden. Schüler A schreibt einen Begriff auf und wirft den Ball weiter. Schüler B fragt nach einem bestimmten Buchstaben, der in dem Begriff vorkommt. Sind alle Buchstaben gesammelt, muss der Begriff gedanklich zusammengesetzt werden. Wenn der Begriff schon nach einigen richtigen Buchstaben erraten wird, kann die nächste Runde beginnen. Wer falsch rät, scheidet aus.

Hinweis

Spielerisch stellen die Schüler bei dieser Übung automatisch Fragen zum Unterricht und wiederholen somit auch den Lernstoff.

Puzzlespiel

Lernerfolge sichern und kontrollieren ○

Alter
10–14 Jahre

Dauer
10 Minuten

Material
Puzzleteile, Magnete

Ziel
➜ Wiederholung und Sicherung des Lernerfolgs

Beschreibung

An der Tafel hängen mehrere Teile eines Textpuzzles. Die Aufgabe der Schüler besteht darin, das Puzzle richtig zusammenzusetzen. Mit Magneten werden die Teile an der Tafel befestigt. Die Schüler erläutern bei ihrer Zusammenstellung, woran sie erkannt haben, welches Teil an die entsprechende Stelle gehört.

Variante

Es fehlen einige Puzzleteile, die nachträglich rekonstruiert werden müssen.

Lebendige Buchstaben

○ **Lernerfolge sichern und kontrollieren**

 Alter
10–14 Jahre

 Dauer
10 Minuten

 Ziel
➔ spielerische Wiederholung

Beschreibung

Die Schüler bilden mehrere Kleingruppen. Jede Gruppe erhält einen Begriff, der im Unterricht besprochen wurde. Sie sollen mit Hilfe ihres Körpers das Wort buchstabieren. So lässt sich z.B. ein K mit ausgestrecktem Arm und Bein darstellen. Wenn der Begriff von der Klasse erraten wurde, muss die Gruppe kurz den Begriff erläutert. Dann kommt die nächste Gruppe an die Reihe.

Variante

➔ Es werden nur einzelne Buchstaben dargestellt,
   die fehlenden müssen erraten werden.

➔ Die Begriffe oder sogar ganze Sätze werden mit Hilfe
   der Zeichensprache dargestellt.

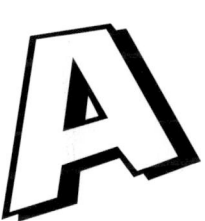

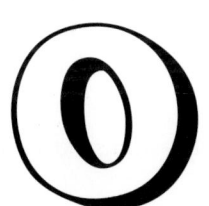

Merktrick

Lernerfolge sichern und kontrollieren ◁

Alter
10–16 Jahre

Dauer
ca. 10 Minuten

Material
Plakate, Stifte

Ziel
→ Einüben einer Lerntechnik

Beschreibung

Die im Unterricht behandelten wichtigsten Schlagworte werden an der Tafel notiert, die Anfangsbuchstaben unterstrichen. Daraus sollen die Schüler ganz neue Wörter und schließlich einen Merksatz entwickeln. Ein paar Ergebnisse werden vorgestellt. Jeder kann sich den Merksatz notieren, mit dessen Hilfe er sich die Schlagworte am besten einprägen kann.

Variante

→ Zur Veranschaulichung werden die Merksätze auf Plakate notiert und können am Beginn der nächsten Stunde wieder in Erinnerung gerufen werden.

→ Die Schlagworte können auch erlernt werden, indem man jedem Begriff ein Bild zuordnet und dazu eine Merkgeschichte erfindet.

Hinweis

Ein alter Merktrick ist die so genannte Eselsbrücke:

→ Wer nämlich mit h schreibt, ist dämlich.

→ Differenzen und Summen kürzen nur die Dummen.

→ Li Be B C N O F Ne – die 2. Periode

→ Im Osten geht die Sonne auf, im Süden ist ihr höchster Lauf
(Variante: Mittagslauf), im Westen wird sie untergeh'n,
im Norden ist sie nie zu seh'n.

○ **Lernerfolge sichern und kontrollieren**

Alter
10–19 Jahre

Dauer
ca. 10 Minuten

Material
beschriftete viereckige Karten

Ziel
▸ Wiederholung von Lerninhalten
▸ Zusammenhänge erkennen und benennen

Beschreibung

Es werden Gruppen gebildet. Jede Gruppe erhält Kärtchen mit 20 Begriffen, die auf viereckigen Karten notiert sind. Nach dem Prinzip des bekannten Spiels „Domino" werden Karten, die inhaltlich miteinander in Beziehung stehen, aneinandergelegt. Ihre Entscheidungen sollen die Teilnehmer der Gruppe erklären.

Variante

Das Spiel wird am Ende der Stunde mit der ganzen Klasse gespielt. Die Karten liegen während des Unterrichts bereit und können nacheinander ergänzt werden.
Beispiel:
▸ Eine Rechenaufgabe wird von der Aufgabenstellung bis zur Lösung in vier bis fünf Teilen auf unterschiedlichen Karten notiert. Diese müssen nun in der richtigen Reihenfolge aneinandergelegt werden.
▸ Auch chemische Formeln, geschichtliche Ereignisse oder Grammatikregeln lassen sich mit der Domino-Methode gut wiederholen und festigen.

Hinweis

Schüler neigen häufig dazu, einzelne Begriffe und Themen zusammenhanglos zu lernen. Bei der Domino-Methode geht es vor allem darum, Themen und Begriffe miteinander in Beziehung zu setzen.

Zusammenfassung

Lernerfolge sichern und kontrollieren ◁

 Alter
10–19 Jahre

 Dauer
ca. 10 Minuten

 Ziel
▪ kurze Wiederholung des Themas

Beschreibung

Die Schüler arbeiten in Teams zusammen. Ein Schüler sammelt zunächst in einem kurzen Brainstorming die zehn wichtigsten Stichworte der Stunde. Nach und nach liest er seinem Partner ein Stichwort vor. Der Partner muss nun zu dem Stichwort die passenden Inhalte der Stunde zusammenfassen. Der Fragensteller hilft oder ergänzt.

Variante

▪ Ein Schüler schreibt die wichtigsten Erkenntnisse der Unterrichtsstunde in kurzen Sätzen an die Tafel.

▪ Ein Schüler erhält schon am Beginn der Unterrichtsstunde die Aufgabe, das Thema am Schluss kurz zusammenzufassen.

▪ Auf einem großen Blatt Papier wird ein Kreis aufgezeichnet, der wie eine Torte in Stücke unterteilt ist. In jedem Teil steht ein Begriff oder ein Symbol aus der Unterrichtsstunde. Die Schüler notieren Inhalte oder Erkenntnisse, die sie damit verbinden.

Hinweis

▪ Die Zusammenfassung wird schüleraktivierender, wenn nicht der Lehrer, sondern die Schüler die Aufgabe der Zusammenfassung übernehmen.

▪ Bei der wiederholenden Zusammenfassung sollten Notizen, Tafelanschriebe und Lehrbücher nicht benutzt werden.

▪ Bei dieser Übung kann auch nach und nach das Gedächtnis trainiert werden.

○ **Lernerfolge sichern und kontrollieren**

Alter
14–19 Jahre

Dauer
15 Minuten

Material
Textkarten

Ziel
→ Konzentration
→ Wiederholung und Vertiefung des Lernstoffs

Beschreibung
Jeweils vier Schüler bilden eine Gruppe. A und B erhalten jeweils einen kurzen Text. Auf ein Kommando von C lesen beide ihren Text vor. D muss genau hinhören; anschließend soll er den Inhalt beider Texte wiedergeben. C kann auch Fragen zu beiden Texten stellen. Anschließend werden die Rollen vertauscht und eine neue Runde mit neuen Texten beginnt.

Variante
→ D stellt gezielte Fragen zum Text.
→ C konzentriert sich nur auf den Text von A oder B.

Hinweis
Diese Übung eignet sich gut zur Vertiefung und Wiederholung einer Unterrichtsstunde. Jeder konzentriert sich zwar auf seine Rolle, aber letztlich steht der Informationstext im Mittelpunkt.

Lernerfolge sichern und kontrollieren ◁

 Alter
10–14 Jahre

 Dauer
15 Minuten

 Material
Papier, Stift

 Ziel
→ spielerische Wiederholung
des Lernstoffes
→ Lernkontrolle

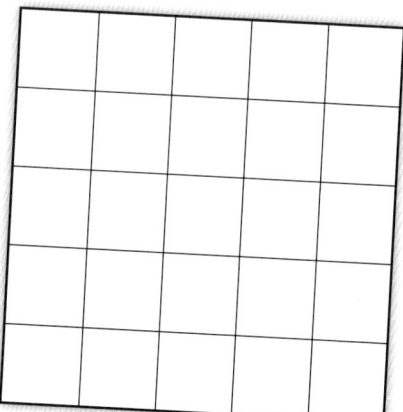

Beschreibung

Jeder Schüler malt auf ein Blatt ein großes Quadrat, das wiederum aus
25 kleinen Quadraten besteht. In die kleinen Quadrate werden gemeinsam
Themen, Begriffe oder Vokabeln aus der vergangenen Unterrichtsstunde notiert.
Der Lehrer umschreibt nun einen Begriff. Erkennt ein Schüler den Begriff, kreuzt
er das entsprechende Feld an. Wer zuerst drei richtige Begriffe in einer Reihe
(senkrecht, waagerecht, diagonal) angekreuzt hat, ruft laut „Bingo". Er erläutert
nun die drei Begriffe selbstständig.

Variante

→ Der Lehrer verteilt am Beginn der Stunde ein Blatt mit Begriffen,
die im Laufe des Unterrichts vorkommen.
→ Die richtige Zahlenreihe kann auf vier oder fünf Begriffe erweitert werden.
→ Die Zahl der Quadrate kann ebenfalls erweitert werden.

Hinweis

Das Bingo kann auch zu einer Art Wissensspiel ausgeweitet werden, das
sich über mehrere Monate hinzieht und zur Wiederholung des Lerninhaltes
eingesetzt wird.

○ **Lernerfolge sichern und kontrollieren**

 Alter
10–19 Jahre

 Dauer
15 Minuten

 Material
Computer, Beamer, Software

 Ziel
⇥ Wiederholung
⇥ Lernkontrolle

Beschreibung
Über Computer und Beamer projiziert der Lehrer ein Lernprogramm
(z.B. Quiz, Multiple Choice, Vokabelabfrage) an die Wand.
Gemeinsam wird so der behandelte Unterrichtsstoff wiederholt und gefestigt.

Variante
Jeder Schüler hat einen eigenen Arbeitsplatz zur Verfügung, sodass er
seinen Lernerfolg erweitern und mit Hilfe einer Lernstatistik überprüfen kann.

Hinweis
⇥ Der Computer ist hilfreiches und nützliches Lernmedium. Es sind mittlerweile
für alle Klassenstufen und Fächer gute, erprobte Lernprogramme für den
Computer auf dem Markt. Mit deren Hilfe können Themen erarbeitet,
wiederholt und vertieft werden.

⇥ Alle technischen Vorarbeiten sollten gut vorbereitet sein.

⇥ Leider haben manche Lehrer immer noch Berührungsängste, was die
neuen Medien angeht. Außerdem sind viele Klassenräume
immer noch nicht entsprechend multimedial ausgestattet.

⇥ Gute Programme zum kostenlosen Download gibt es unter:
www.download-tipp.de/Lernprogramme

Lernstraße

Lernerfolge sichern und kontrollieren ◁

Alter
10–16 Jahre

Dauer
ca. 15 Minuten

Material
Frage- und Antwortkarten

Ziel
➡ Wiederholung und Festigung des Lernstoffes

Beschreibung

Im Klassenraum hat der Lehrer eine Lernstraße ausgelegt. Auf der Straße liegen Karten mit bestimmten Begriffen und Fragen, die sich aus dem Unterricht ergeben. Drei Schüler dürfen mitspielen. Wer zuerst den Begriff erklären oder die Frage beantworten kann, darf weiterziehen. Wer sich unsicher ist oder die Antwort nicht weiß, muss durch eine Nebenstraße, auf der man die Antwort findet. Sieger ist derjenige, der zuerst am Ende der Straße angelangt ist.

Variante

Die Karten werden in einer Lernlandschaft bunt gemischt, sodass man zum Auffinden der Antworten erst suchen muss.

Hinweis

Die zusammenpassenden Frage- und Antwortkarten werden mit einem Symbol gekennzeichnet, sodass die Zuordnung einfacher wird.

○ **Lernerfolge sichern und kontrollieren**

Alter
10–14 Jahre

Dauer
15 Minuten

Material
Tafel, Kreide

Ziel
→ Wiederholen von Unterrichtsinhalten

Beschreibung

Der Lehrer schreibt das Alphabet untereinander an die Tafel. Hinter jedem Buchstaben sollte Platz für Einträge bleiben. Alle Themen und Begriffe, die den Schülern zu dem behandelten Unterrichtsinhalt einfallen, können sie hinter den Anfangsbuchstaben notieren. Dabei erläutert jeder kurz seinen Begriff. Es sollten zu allen Buchstaben Begriffe gefunden werden. X und Y werden die Fantasie herausfordern.

Variante

→ Die Begriffe werden nicht vom Schreibenden, sondern von Mitschülern erläutert.

→ Das ABC ist auf einem großen Blatt notiert, das die Runde in der Klasse macht. Jeder kann seine Begriffe oder die kurzen Erläuterungen notieren. Am Ende wird das Ergebnis vorgelesen.

Hinweis

Meistens sind es Begriffe oder Schlagworte, die bei einem Unterrichtsthema hängen bleiben. Dadurch, dass die Begriffe zusätzlich umschrieben werden, lernt man leichter. Die Begriffe sollten jedoch immer in einem größeren Zusammenhang gesehen und erläutert werden.

Lernquartett

Lernerfolge sichern und kontrollieren ◁

Alter
10–19 Jahre

Dauer
ca. 20 Minuten

Material
beschriftete Quartettkarten

Ziel
➡ Wiederholung
➡ Überprüfung der eigenen Lernerfolge

Beschreibung

Die Klasse wird in mehrere Gruppen aufgeteilt. Jede Gruppe erhält entsprechend der Anzahl der Mitspieler Quartettsätze. Jedes Quartett (vier Karten) stoht für einen bestimmten Themenbereich, der auf den Karten vermerkt ist. Darunter steht jeweils eine Frage zum Thema. Die Karten werden gemischt und unter den Mitspielern verteilt. Spieler 1 fragt Spieler 2, ob er eine Karte zu einem bestimmten Themenbereich besitzt. Wenn er dies bejaht, kann Spieler 2 Spieler 1 eine passende Frage auf der Karte stellen. Wenn Spieler 1 diese richtig beantwortet, erhält er die Karte. Spieler 2 fragt nun einen anderen Mitspieler nach einem neuen Thema usw. Wer vier Karten eines Themas hat, kann diese ablegen. Gewonnen hat der Spieler, der am Schluss die meisten Quartette hat.

Variante

Die Schüler entwerfen das Spiel, indem sie die Karten selbst beschriften.

Hinweis

Die spielerische Form des Lernens ist vor allem für jüngere Schüler eine gute Methode, auch schwierige und umfangreiche Inhalte zu wiederholen.
So kann das Quartett immer wieder neu erweitert werden und am Ende des Schuljahres der Lernquartettmeister ermittelt werden.

○ **Lernerfolge sichern und kontrollieren**

 Alter
10–16 Jahre

 Dauer
30 Minuten

 Material
Fragekarten (unterschiedliche Farben)

 Ziel
➡ Wiederholen und Festigen des Lernstoffs

Beschreibung

Es werden mehrere Gruppen gebildet. Jede Gruppe notiert auf sechs Karten sechs Fragen mit den entsprechenden Antworten zum behandelten Lernstoff auf der Rückseite. Die Fragen werden nach ihrem Schwierigkeitsgrad geordnet. Dazu notiert man neben der Frage Zahlen (60, 50, 40, 30, 20, 10). Die Karten aller Gruppen werden mit der Frageseite untereinander an eine Pinnwand geheftet. Die erste Gruppe wählt nun eine Karte einer anderen Gruppe. Der Lehrer liest die Frage vor. Kann die Gruppe die Frage beantworten, erhält sie die entsprechende Punktzahl. Die nächste Gruppe wählt nun eine Karte aus usw. Wer am Schluss die meisten Punkte gesammelt hat, ist der Sieger des Wissensquiz'.

Variante

➡ Die Fragekarten werden vom Lehrer vorbereitet.
Damit entfällt die Vorbereitungsphase.

➡ Nicht die ganze Gruppe, sondern einzelne Schüler
müssen nacheinander die Frage beantworten.

Hinweis

Der Lehrer kann im Laufe der Zeit eine große Anzahl an Wissenskarten sammeln und zur Wiederholung immer wieder einsetzen.

Wissensrennen

Lernerfolge sichern und kontrollieren ◁

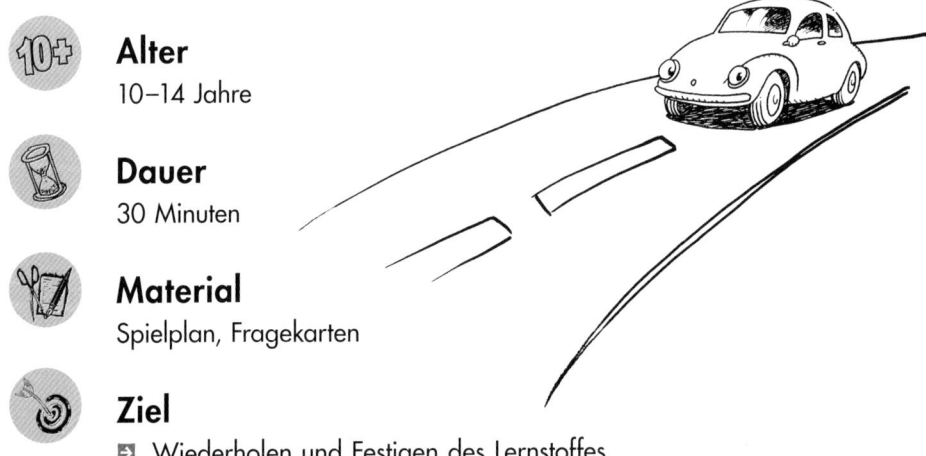

Alter
10–14 Jahre

Dauer
30 Minuten

Material
Spielplan, Fragekarten

Ziel
▱ Wiederholen und Festigen des Lernstoffes

Beschreibung

Die Klasse wird in mehrere Gruppen aufgeteilt. Jede Gruppe notiert auf farblich unterschiedlichen Karten Fragen zum behandelten Lernstoff. Auf der Rückseite der Karten sind die entsprechenden Antworten geschrieben. Alle Karten werden gefaltet und in einen Behälter geworfen. Auf einem Plakat ist eine Rennbahn (unterschiedliche Autos, mehrere Stationen, Start und Ziel) gemalt. Ein Teilnehmer der ersten Gruppe zieht eine Fragekarte. Wenn er die Frage beantwortet, darf er ein Feld vorrücken, beantwortet er die Frage nicht oder falsch, setzt die Gruppe eine Runde aus. Die Gruppe, die zuerst das Ziel erreicht, hat das Wissensrennen gewonnen.

Variante

▱ Der Lehrer kann die Frage- und Antwortkarten selber vorbereiten.
▱ Einzelne Schüler beantworten die Fragen.

Hinweis

In Zusammenarbeit mit dem Kunstlehrer kann eine große und schön gestaltete Wissensrennbahn gestaltet werden, die immer wieder zum Einsatz kommt, wenn es um die spielerische Wiederholung und Festigung des Lernstoffes geht.

◉ **Lernerfolge sichern und kontrollieren**

 Alter
14–19 Jahre

 Dauer
30 Minuten

 Material
Karten, Stift

 Ziel
➡ Wiederholung und Vertiefung

Beschreibung

Jeder Schüler erhält eine Karte mit Fragen, die sich auf den behandelten Unterrichtsstoff beziehen. Die Aufgabe besteht darin, andere Schüler zum Unterrichtsstoff zu befragen. Die Antworten und Namen der Befragten werden notiert. So bildet sich der Schüler zu einem Wissensspezialisten fort. Anschließend präsentieren die Spezialisten die Ergebnisse ihrer Recherchen.

Variante

➡ Ein Team von Spezialisten macht sich auf die Suche nach Antworten.
➡ Jeder Schüler kann sich nur einen Interviewpartner aussuchen.
➡ Die Befragung wird mit Hilfe der Kugellager-Methode (Innen- und Außenkreis) durchgeführt.

Hinweis

Da die Themen bereits im Unterricht behandelt wurden, geht es bei dieser Methode eher um eine Vertiefung des Lernstoffs und um eine entsprechende Präsentation.

Tabu

Lernerfolge sichern und kontrollieren ◁

Alter
10–19 Jahre

Dauer
45 Minuten

Material
Spielregeln, Tabukarten, Stoppuhr

Ziel
➡ spielerische Wiederholung und Vertiefung eines Themas

Beschreibung

Die Spielidee beruht auf dem bekannten Wissensspiel *„Tabu"*. Zunächst werden unterschiedliche Begriffe aus der Unterrichtsreihe gesammelt. Dazu werden Wörter zusammengetragen, die bei der Umschreibung des zu ratenden Begriffes nicht genannt werden dürfen. Nun kann das Spiel beginnen. Es werden mehrere Gruppen gebildet, die in einer vorgegebenen Zeit gegeneinander antreten. Nach jeder Spielrunde werden die Punkte notiert. Dabei gibt es für jeden erratenen Begriff einen Punkt. Wer am Schluss die meisten Punkte vorweisen kann, ist der Sieger der Spielrunde.

Variante

➡ Der Lehrer kann das Spiel soweit vorbereiten, dass man *„Tabu"* auch am Ende der Unterrichtsstunde spielen kann.

➡ Um das Spiel noch schwieriger zu machen, kann die Zahl der zu meidenden Begriffe erhöht werden (z.B. auf 10).

Hinweis

Es sind mindestens 80–100 Karten notwendig, um das Spiel in einer ganzen Unterrichtsstunde zu spielen.

○ **Lernerfolge sichern und kontrollieren**

Alter
14–19 Jahre

Dauer
2 Unterrichtsstunden

Material
Begriffskarten, Plakate, Stifte

Ziel
▣ Klärung von Begriffen und Zusammenhängen
▣ Wiederholung und Vertiefung

Beschreibung
Die Schüler sollen aus vorgegebenen Begriffen und Themen einer Unterrichtseinheit Zusammenhänge und Verknüpfungen herstellen. Dazu werden mehrere Gruppen gebildet. Jede Gruppe erhält eine gewisse Anzahl Karten, auf denen Begriffe oder auch Definitionen notiert sind. Auf einem größeren Plakat sollen die Begriffe in eine zusammenhängende Ordnung gebracht werden.
Das kann mit Hilfe von Symbolen, Pfeilen oder Beschriftungen (z.B.: das bewirkt, hängt zusammen mit, verursacht, hat zur Folge) geschehen. Im Plenum werden die Ergebnisse präsentiert und die Zusammenhänge erläutert und ergänzt.

Variante
▣ Alle Gruppen erhalten die gleichen Karten und vergleichen die Ergebnisse.
▣ Bei der Präsentation wechseln sich die Teilnehmer ab.
▣ Das Begriffsnetz kann auch zur Ideenfindung eingesetzt werden.

Hinweis
Diese Art der zusammenhängenden Wiederholung und Vertiefung fördert besonders das nachhaltige Lernen. Sie kann auch in Form einer benoteten Lernkontrolle eingesetzt werden.

Themenzeitung

Lernerfolge sichern und kontrollieren ◁

Alter
10–19 Jahre

Dauer
2–3 Unterrichtsstunden

Material
Computer, Text- und Bildbearbeitungssoftware,
Kamera, Papier, Drucker u.a.

Ziel
▣ Zusammenfassung
▣ kreative Präsentation von Lerninhalten
▣ Wiederholung

Beschreibung
Die wichtigsten Themen einer Unterrichtsreihe werden von den Schülern
nochmals aufgearbeitet und in einer Themenzeitung präsentiert. Dabei gibt
es unterschiedliche Teams, die jeweils einer Sparte, für die sie zuständig sind,
zugeordnet werden (Leitartikel, Leserbriefe, Kommentare, Kolumnen, Interviews,
Fotos, Reportagen, kurz & bündig, Anzeigen usw.). Die Themen der Unterrichtseinheit sollten möglichst alle in irgendeiner Form in der Zeitung auftauchen.
Ein Redaktionsteam (zwei bis drei Schüler) sorgt für die Koordination und die
endgültige Schlussredaktion der Zeitung.

Variante
Die Schüler bearbeiten die Themen zu Hause. Nur die Erstbesprechung
und die Endredaktion werden im Unterricht abgesprochen.

Hinweis
Die Themenzeitung könnte wegen der kreativen Arbeitsweise zu einer festen
Einrichtung in der Schule werden. Auch kann eine solche Zeitung immer wieder
als Unterrichtsmaterial in nachfolgenden Klassenstufen eingesetzt werden.

▷ **Lernerfolge sichern und kontrollieren**

Alter
14–19 Jahre

Dauer
2–3 Unterrichtsstunden

Material
Rollenkarten

Ziel
➡ kreative Präsentation von Lerninhalten
➡ Wiederholung

Beschreibung

Eine Talkshow wird als Rollenspiel vorbereitet und präsentiert. Zunächst sollte ein möglichst provokantes Thema formuliert werden („Die geklonte Gesellschaft", „Wiedervereinigung – nein danke!"). Anschließend werden die unterschiedlichen Rollen festgelegt und verteilt (Moderator, Talkgäste, Experten, Anheizer). Die einzelnen Rollen werden in Kleingruppen genauer erarbeitet. Lediglich der Moderator kennt die Inhalte aller Gruppen. Ein Redaktionsteam kann den genauen Ablauf der Show festlegen.

Variante

In abgeschwächter Form kann die Talkshow auch in einer Experten- oder Pro & Kontra-Runde gestaltet werden.

Hinweis

➡ Der Raum, in dem die Show stattfindet, sollte ein wenig präpariert sein (Bühne, Publikumsplätze, Stühle für die Gäste).

➡ Die Talkshow sollte zeitlich begrenzt sein (ca. 45 Minuten).

➡ Am Spiel nicht teilnehmende Schüler erhalten Beobachtungsaufgaben. Und um die Talkshow anschließend zu reflektieren, kann sie mit der Kamera aufgenommen werden. Das bringt auch ein Live-Fernsehgefühl in die Runde.

Themenshow

Lernerfolge sichern und kontrollieren ◁

Alter
14–19 Jahre

Dauer
4–5 Unterrichtsstunden

Material
Requisiten, die von den kreativen Gruppen vorgegeben werden

Ziel
→ kreative Präsentation von Lerninhalten
→ Zusammenfassung
→ Wiederholung

Beschreibung

In einer Show sollen die Schüler mit unterschiedlichen kreativen Elementen das Unterrichtsthema aufarbeiten und präsentieren. Sie soll vor allem abwechslungsreich und unterhaltsam sein. Dementsprechend können folgende Methoden bzw. Medien eingesetzt werden: Comedy, Musik, Improvisationstheater, Wortspielereien, Pantomime, Multimedia, Film, Tanz, Entertainment, Gedichte, Lieder, Prosatexte, Parodien, Satire …
Ein Redaktionsteam koordiniert die Show und legt die Reihenfolge fest.
Eine Gruppe ist für Requisiten, Maske und Technik verantwortlich.

Hinweis

Wenn die Show nach einem ersten Durchlauf in der Klasse für gut befunden wird, können auch Aufführungen mit Publikum stattfinden.
Auch die Aufnahme durch ein Filmteam wertet den Showcharakter auf.

○ **Lernerfolge sichern und kontrollieren**

Alter
12–19 Jahre

Dauer
4–6 Unterrichtsstunden

Ziel
▱ Zusammenfassung
▱ kreative Präsentation von Lerninhalten

Beschreibung

Die Schüler präsentieren in einer Ausstellung die wichtigsten Lerninhalte der Unterrichtseinheit. Besonders interessant wird diese erst, wenn möglichst viele kreative und anschauliche Methoden gewählt werden: Textwände, Power-Point-Präsentation, Musik, Film, Skulpturen, Collagen, Quiz usw. Die Schüler werden in Gruppen eingeteilt, die jeweils mit unterschiedlichen Methoden unterschiedliche Inhalte erarbeiten. Die Mitglieder einer Gruppe koordinieren und organisieren als Ausstellungsmanager die abschließende Präsentation. Diese kann in Form einer Vernissage unter Teilnahme anderer Klassen stattfinden.

Variante

Die Ausstellung wird bereits am Beginn der Unterrichtseinheit grob geplant. Das erleichtert die spätere kreative Phase.

Hinweis

Jugendliche haben nicht unbedingt einen Zugang zu Ausstellungen. Deshalb bietet eine interessant gestaltete multimediale Ausstellung die Chance, Jugendlichen einen neuen Zugang zu dieser Form der Präsentation zu verschaffen.

Feedback-Methoden

Feedback-Methoden

Killerphrasen, die dann noch als gut gemeinte Ratschläge verkauft werden, können viel kaputt machen und demotivierende Wirkung bei den Schülern zeigen. Ratschläge sind häufig eher Schläge als Rat.

> Das hast du schlecht gemacht! Du musst unbedingt etwas an deiner Arbeitshaltung ändern! So wird das nie was!

In der Sozialpsychologie versteht man unter Feedback die Rückmeldung an eine Person, wie deren Verhalten erlebt und wahrgenommen wird. Diese Rückmeldungen können verbal oder nonverbal sein. Ein Schmunzeln, ein Nicken, ein Gähnen oder ein Hochziehen der Augenbrauen können so oder so verstanden werden. Auch in der sprachlichen Form kann die Rückmeldung schnell missverstanden werden, vor allem dann, wenn Selbst- und Fremdwahrnehmung nicht übereinstimmen.

Ein **Feedback** ist besonders sinnvoll am Ende einer Unterrichtsstunde oder -einheit. Dabei kann das Feedback sich auf sachliche bzw. inhaltliche Aspekte beziehen, auf das persönliche Erleben und auf die Beziehungen untereinander. Regelmäßiges Feedback kann besonders die Motivation fördern, weil Schüler sich z.B. mit ihrer Kritik am Unterricht ernst genommen fühlen, Probleme angesprochen werden und sich immer wieder Wege zur Problemlösung ergeben. Wichtig ist eben, dass aus den Feedback-Ergebnissen Konsequenzen für die Unterrichtspraxis gezogen werden.

Feedback im schulischen Leben heißt: Alle Beteiligten erfahren viel über sich selbst und die Beziehungen untereinander. Selbst- und Fremdwahrnehmung, Kooperation, Kommunikation und Teamentwicklung können immer wieder neu betrachtet und weiter entwickelt werden.

Konkret heißt das:
- Schüler geben Lehrern, Lehrer geben Schülern Feedback.
- Lehrer geben Lehrern, Schüler geben Schülern Feedback.
- Lehrer geben der Schulleitung, die Schulleitung gibt Lehrern Feedback.

Ein respektvoller, vertrauensvoller und wertschätzender Umgang ist eine Grundvoraussetzung beim Feedback. Deshalb sollten einige Regeln beim Feedback-Geben und -Nehmen eingehalten werden.

Tipps für den <u>Feedback-Geber</u>

> *Ich sage dir, was ich wahrnehme, wie ich dich erlebe und was das für mich bedeutet!*

▶ Richtiges Feedback geben bedeutet, nicht nur negative Seiten und Fehler des Angesprochenen in den Vordergrund zu stellen. Bringen Sie Lob und Kritik in die richtige Balance. Lobende Kritik und konstruktive, motivierende Anregungen können ganz neue Wege öffnen.

▶ Nutzen Sie den richtigen Zeitpunkt für das Feedback. Besonders in angespannten Situationen kommt es häufig zu Überreaktionen, die alles andere als hilfreich sind.

▶ Achten Sie auf eine gute und ruhige Gesprächsatmosphäre. Suchen Sie sich einen Ort, an dem Sie ungestört reden können.

▶ Geben Sie nur ein Feedback, wenn Ihr Gegenüber dazu bereit ist. Falls er es ablehnt, klären Sie, ob es eine grundsätzliche Ablehnung ist oder ob ein späterer Zeitpunkt günstiger wäre.

▶ Beginnen Sie Ihr Feedback mit einer positiven Rückmeldung. Das motiviert und macht bereit für weitere Wahrnehmungen.

▶ Ein gutes Feedback sollte sich vor allem auf Fakten und nicht auf Vermutungen stützen.

▶ Vermeiden Sie unter allen Umständen Beleidigungen und Unterstellungen. Ihr Feedback darf kritisch sein, sollte aber nicht verletzen.

▶ Ihr Feedback sollte auf keinen Fall eine persönliche Abrechnung mit dem Feedback-Nehmer sein.

▶ Packen Sie nicht zu viele Informationen in ein Feedback. Verabreden Sie lieber mehrere Termine.

Feedback-Methoden

→ Bleiben Sie immer konkret und sachlich. Nach der Beschreibung des wahrgenommenen Verhaltens sollten Sie beschreiben, wie Sie die Situation erlebt haben und welche Gefühle es bei Ihnen ausgelöst hat („Mir ist aufgefallen, dass …", „Ich habe den Eindruck, dass …" Also: „Ich" statt „Du"!).

→ Überlegen Sie genau und teilen Sie mit, warum das Feedback für Sie gerade jetzt wichtig ist.

→ Lassen Sie Altes ruhen und beschränken Sie sich auf neue und aktuelle Wahrnehmungen.

→ Reden Sie nicht „um den heißen Brei" herum, sondern seien Sie ehrlich.

→ Verdeutlichen Sie sich vor dem Gespräch die Wirkung, die das Feedback hervorrufen wird, und vermeiden Sie gegebenenfalls „explosive" Themen.

→ Das Feedback soll für Ihr Gegenüber hilfreich sein. Bringen Sie daher auch Ideen und Vorschläge für eine positive Veränderung ein. Formulieren Sie, was Sie sich für die Zukunft wünschen. Im Vordergrund steht aber die informative Rückmeldung. Der Empfänger entscheidet, welche Konsequenzen er daraus zieht.

→ Seien auch Sie bereit, Feedback zu empfangen!

Tipps für den **Feedback-Nehmer**

→ Wenn Sie nicht bereit sind, ein Feedback anzunehmen, lehnen Sie es ab oder verlegen es auf einen passenden Zeitpunkt.

→ Eine wichtige Grundvoraussetzung des Feedbacks ist die vertrauensvolle Atmosphäre. Das soll heißen: Ich nehme die Rückmeldung meines Gegenübers an, weil ich weiß, dass er mich nicht fertigmacht,

> Ich höre zu, wie du mich wahrnimmst und lerne dabei viel über mich selbst und meine Außenwirkung!

sondern mir helfen will. Eine große Gefahr besteht daher darin, wenn Sie das Feedback nur auf dem Beziehungsohr wahrnehmen. Auch hier geht es um die richtige Mischung zwischen Sach- und Beziehungsebene.

➡ Nehmen Sie die Rückmeldung Ihres Gegenübers ernst und versuchen Sie zunächst, den Blick vor allem auf die sachlichen Informationen zu richten. Aber auch das, was Ihr Verhalten ausgelöst hat, sollten Sie nicht überhören oder -sehen.

➡ Falls Sie die Rückmeldung nicht richtig verstanden haben, fragen Sie nach. Am effektivsten ist es, wenn Sie rückmelden, was Sie verstanden haben („Habe ich richtig verstanden, dass ..." – „Verbalisieren").

➡ Äußern Sie deutlich und klar, wie Sie mit dem Feedback umgehen werden und was es bei Ihnen bewirkt hat.

➡ Sie können den Feedback-Geber auch um eine Rückmeldung über ein bestimmtes Verhalten bitten und somit das Gespräch inhaltlich eingrenzen.

➡ Lassen Sie Ihr Gegenüber ausreden und unterbrechen Sie ihn nicht. Hören Sie aufmerksam zu, was er sagt („aktives Zuhören"). Gehen Sie nicht gleich in Abwehrhaltung, sondern nehmen Sie zunächst das Feedback an. Es muss sich setzen und verarbeitet werden.

➡ Denken Sie daran, dass es sich beim Feedback um eine subjektive Wahrnehmung einer einzelnen Person handelt. Seien Sie bereit, Feedback auch von anderen Personen zu erhalten.

➡ Aus einem ehrlichen und konstruktiven Feedback lernen Sie viel über sich selbst und ihre Fremdwahrnehmung. Seien Sie daher dankbar für die Chance, die Ihnen geboten wird, um sich persönlich weiterzuentwickeln.

➡ Sie entscheiden, ob Sie aus dem Feedback Konsequenzen ziehen oder nicht.

Im Folgenden finden Sie vielfältige und unterschiedliche Feedback-Methoden mit konkreten Anregungen und praktischen Tipps für den Einsatz in den unterschiedlichen Bereichen (**„Feedback zum Unterricht"**, s. S. 68–96 und **„Feedback zur Klassengemeinschaft"**, s. S. 97–134) des schulischen Lebens.

Check out

Feedback zum Unterricht ◁

Alter
10–16 Jahre

Dauer
5 Minuten

Material
Mülleimer, Koffer, Papier, Stifte

Ziel
➡ Nachbereitung und Feedback

Beschreibung

Am Klassenausgang stehen symbolisch ein Koffer und ein Mülleimer bereit.
Beim „Check out" nehmen die Schüler etwas mit und lassen Dinge zurück.
Das sollen sie am Ende der Stunde auf Zettel schreiben und entsprechend
in den Mülleimer oder in den Koffer werfen. Folgende Fragestellungen sind
dabei hilfreich:

➡ Was hat mir gefallen?
➡ Was habe ich gelernt?
➡ Was nehme ich mit?
➡ Was ist mir noch unklar?
➡ Was habe ich nicht verstanden?
➡ Was lasse ich lieber hier?

Die Rückmeldung ist freiwillig und kann zu einem festen Ritual werden.

Variante

Die Übung kann auch am Anfang einer Stunde als „Check in" eingesetzt werden.
Dabei wird in den Koffer geworfen, was man alles an guten Vorsätzen, Stim-
mungen und Ideen mitbringt. Im Mülleimer landet der ganze Ballast, den man
zurücklassen will.

○ **Feedback zum Unterricht**

Alter
10–19 Jahre

Dauer
5 Minuten bzw. ständig

Material
Kisten

Ziel
→ Rückmeldungen an den Lehrer

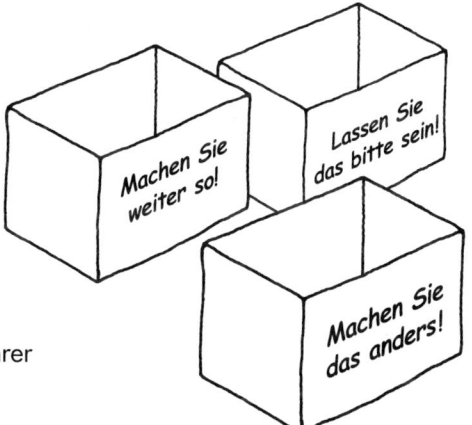

Beschreibung
An einem Platz im Klassenraum stehen drei Kisten, in die die Schüler jederzeit
ihre auf einem Zettel notierten Anliegen hineinwerfen können.
Die Kisten sind beschriftet:
→ Machen Sie weiter so!
→ Lassen Sie das bitte sein!
→ Machen Sie das anders!
Es handelt sich um Botschaften, die an bestimmte Lehrer gerichtet sind.
Der Klassenlehrer kann die Zettel von Zeit zu Zeit sichten und ab und
zu bestimmte Anliegen mit der ganzen Klasse besprechen.

Variante
Die Kisten können auch mit anderen Aufschriften versehen sein,
z.B.: „Danke!" oder „Hilfe!"

Hinweis
Die Zettel können anonym sein. Da manche Schüler – besonders bei kritischen
Anmerkungen – Angst vor Konsequenzen haben, können sie die Nachrichten
mit dem Computer schreiben.
Natürlich ist das offene Gespräch die sinnvollere Methode. So kann die Idee mit
den Kisten als eine Hinführung zum offenen Feedback verstanden werden.

Zielscheibe

Feedback zum Unterricht ○

 Alter
10–19 Jahre

 Dauer
10 Minuten

 Material
Arbeitsblätter bzw. Flipchartpapier, Stifte

 Ziel
→ Reflexion mehrerer Themen und Anlässe

Beschreibung

Die Form der Zielscheibe bietet eine gute optische Variante, um Rückmeldungen einzuholen. Die Vorlage ist offen gehalten, sodass ein Feedback zu unterschiedlichen Themen (Schule, Unterricht, Befindlichkeit) abgefragt werden kann.
Auf den äußeren vier Feldern stehen die Themen (z.B.: Der Unterricht …).
Jedes Thema hat zwei Einschätzungsbereiche (z.B.: ist interessant und abwechslungsreich). Die einzelnen Markierungen geben einen bestimmten Einschätzungswert wieder *(1 = trifft voll zu; 6 = trifft überhaupt nicht zu)*.
Die Schüler geben zunächst ihre persönliche Wertung ab. Die Ergebnisse werden auf eine leere Zielscheibe übertragen. Anschließend werden die Ergebnisse gesichtet und besprochen.

Variante

Eine große Zielscheibe wird auf Flipchartpapier übertragen, und die Schüler geben ihre Einschätzung mit Klebepunkten ab.

Hinweis

Vor der Feedback-Übung sollte der Lehrer die Methode erläutern.

Zielscheibe

Feedback zum Unterricht

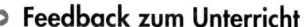

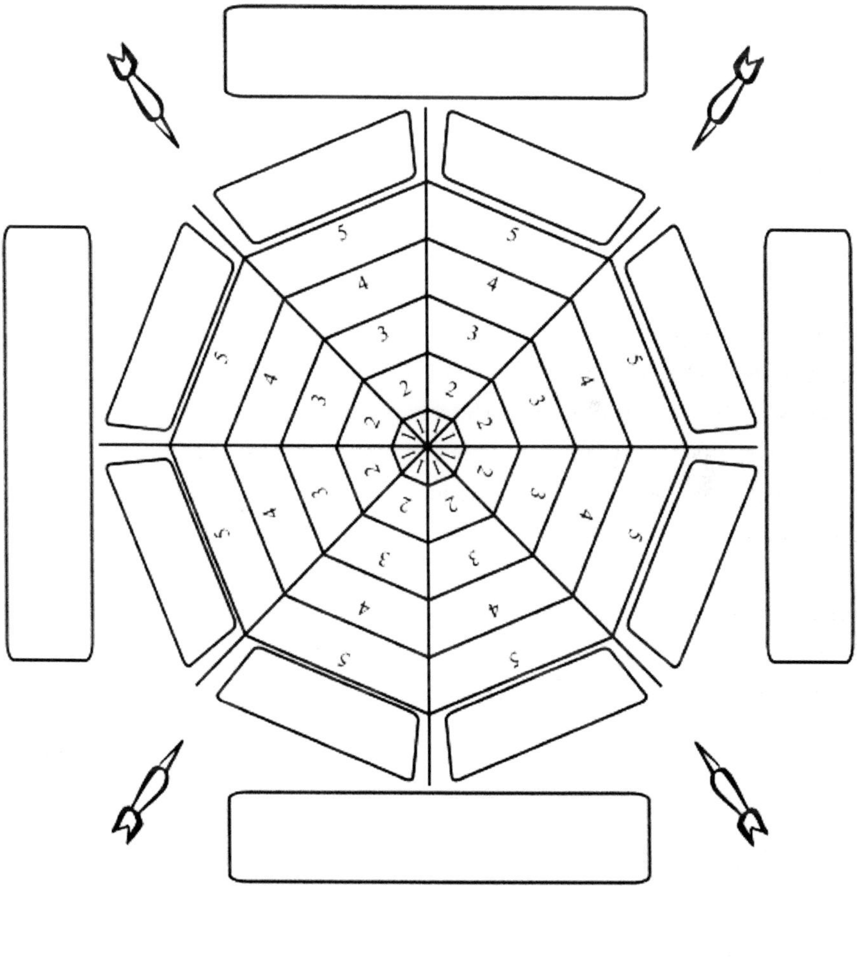

Postfach 10 22 51 – 45422 Mülheim an der Ruhr
www.verlagruhr.de – ISBN 3-8346-0153-5

Der heiße Stuhl

Feedback zum Unterricht ○

Alter
14–19 Jahre

Dauer
10 Minuten

Material
Stuhl

Ziel
➡ Reflexion der Unterrichtsstunde

Beschreibung

In der Mitte des Klassenraumes steht ein Stuhl, der so genannte „heiße Stuhl". Wer etwas zum Verlauf der Unterrichtsstunde oder über seine Erfahrungen und Gefühle äußern will, kann sich darauf setzen und es aussprechen. Er darf dabei nicht unterbrochen werden. Auch eine Diskussion über das Gesagte ist nicht erlaubt.

Variante

➡ Der Lehrer setzt sich auf den Stuhl und empfängt von den Schülern eine Rückmeldung, wie die Unterrichtsstunde erlebt und erfahren wurde.

➡ Wer will, kann dem Lehrer eine Frage stellen, auf die er mit einem Satz antworten muss.

➡ Es können mehrere „heiße Stühle" aufgestellt werden, die jeweils eine Sache thematisieren (Fruststuhl, Lobstuhl, Angststuhl usw.).

Hinweis

Wichtig ist, dass bei dieser Methode auch die sonst zurückhaltenden Schüler motiviert werden, ihr Urteil abzugeben.

○ **Feedback zum Unterricht**

Alter
14–19 Jahre

Dauer
10 Minuten

Material
Feedback-Arbeitsblatt

Ziel
→ Rückblick und Auswertung

Beschreibung

Die Schüler erhalten ein gefaltetes DIN-A4-Arbeitsblatt:

1. Seite → positive Rückmeldung
2. Seite → negative und kritische Eindrücke bzw. Anmerkungen
3. Seite → Anregungen und Wünsche für die Weiterarbeit
4. Seite → „Was ich schon immer sagen wollte!"

Das Feedback kann sich z.B. auf ein Thema oder die Unterrichtsgestaltung beziehen. Die Auswertung der Ergebnisse wird in der folgenden Unterrichtsstunde vorgestellt.

Hinweis

→ Das schriftliche Feedback sollte in der Mitte oder am Ende einer Unterrichtsreihe stehen.

→ Gegenstand des Feedbacks sind auch alle am Unterricht beteiligten Personen, also auch die Schüler selbst.

→ Sinnvoll ist es, wenn die Auswertung nicht vom Lehrer, sondern von den Schülern vorgenommen wird.

Der Feedback-Würfel

Feedback zum Unterricht ◐

Alter
10–16 Jahre

Dauer
10 Minuten

Material
beschrifteter Würfel

Ziel
➡ Feedback nach einer Unterrichtsstunde

Beschreibung

Ein vorgefertigter Würfel wird am Ende der Unterrichtsstunde von vier Schülern nacheinander geworfen. Auf der gewürfelten Seite steht eine Frage oder eine Aufforderung, die vom jeweiligen Schüler beantwortet bzw. ausgeführt werden soll (siehe Kopiervorlage, S. 75).
Der erste Schüler kann sich freiwillig melden. Nach Erfüllung seiner Aufgabe reicht er den Würfel an einen anderen weiter.

Variante

➡ Die Fragen können jeweils verändert und der Klassen- und Unterrichtssituation angepasst werden.

➡ Es können verschiedene Würfel zur Verfügung stehen (thematisch, Wohlbefinden, Klassenklima u.a.).

Hinweis

Der Feedback-Würfel kann zu einer festen Einrichtung und nach Bedarf öfter eingesetzt werden.

○ **Feedback zum Unterricht**

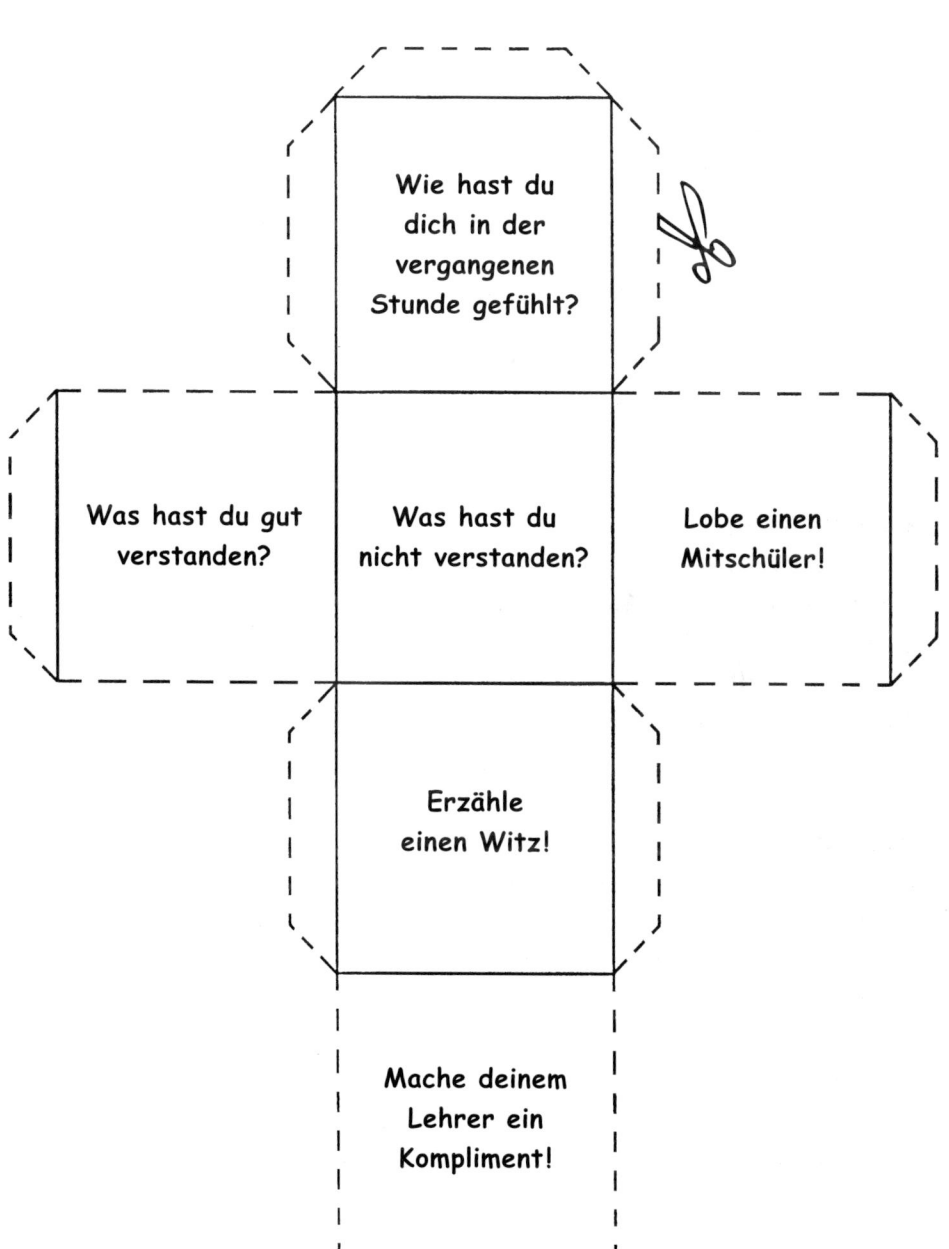

Wie hast du dich in der vergangenen Stunde gefühlt?

Was hast du gut verstanden?

Was hast du nicht verstanden?

Lobe einen Mitschüler!

Erzähle einen Witz!

Mache deinem Lehrer ein Kompliment!

© Verlag an der Ruhr
Postfach 10 22 51 – 45422 Mülheim an der Ruhr
www.verlagruhr.de – ISBN 3-8346-0153-5

Position beziehen

Feedback zum Unterricht ◄

Alter
14–19 Jahre

Dauer
10 Minuten

Material
Themenblatt, Klebeband, Stifte

Ziel
▸ ein Meinungsbild erstellen

Beschreibung
Der Lehrer legt in die Mitte des Raumes ein Blatt, auf dem ein Thema steht
(z.B. Motivation im Unterricht). Die Schüler können nun zum Thema Position
beziehen, indem sie einen bestimmten Platz im Raum einnehmen. Damit
drücken sie Ablehnung und Einverständnis durch Nähe und Distanz zum
Themenblatt aus. In einem Moment der Ruhe können sich alle die unterschiedlichen Positionen anschauen und sich so ein Bild machen.

Variante
▸ Die Positionsbeschreibungen werden im Anschluss an die Darstellung
in Worte gefasst.
▸ Die Positionsbeschreibung wird fotografiert. So lassen sich die Veränderungen
nach mehreren Wiederholungen miteinander vergleichen.
▸ Mit einem Klebestreifen, auf dem der jeweilige Name notiert ist, kann das
Ergebnis dokumentiert werden.

Hinweis
▸ Vor allem Schülern, die nicht gerne reden, kommt diese Methode
sehr entgegen.
▸ Nach Möglichkeit sollte das vorgegebene Thema auch nicht zerredet werden.
Denn die visuelle Positionsbeschreibung spricht für sich.

○ **Feedback zum Unterricht**

Alter
10–19 Jahre

Dauer
ca. 15 Minuten

Material
Zeugnisformular

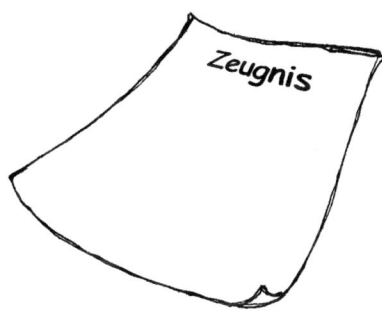

Ziel
→ Verbesserung des Unterrichts durch Schüler-Feedback

Beschreibung
Die Schüler erhalten den Auftrag, dem Lehrer ein Zeugnis auszustellen.
Dazu erhalten sie ein Zeugnisformular, auf dem sie Noten bzw. Punkte
eintragen können. Das Zeugnis kann begründet und gemeinsam besprochen
werden. Die Auswertung kann aber auch alleine durch den Lehrer
erfolgen. Dabei sollte ein Schwerpunkt auf den Konsequenzen liegen.

Variante
→ Das Zeugnis kann unterschiedliche Schwerpunkte enthalten
   (Unterrichtsgestaltung, Lehrerpersönlichkeit etc.).
→ Schüler und Lehrer erstellen gemeinsam das Zeugnisformular.
   Damit werden wichtige Bewertungskriterien beider Seiten berücksichtigt.

Hinweis
→ Den Schülern muss klar sein, dass die Beurteilung keine Abstrafung
   des Lehrers, sondern eine Hilfestellung für Verbesserungen sein soll.
→ Das Feedback sollte anonym erfolgen, da die Schüler dann ehrlicher
   mit ihrer Rückmeldung umgehen. Auch für den Lehrer ergibt sich so
   eine ehrlichere Einschätzung.

Lehrerzeugnis

Feedback zum Unterricht ◁

Zeugnis

für Frau/Herrn _____

1. Schulhalbjahr/2. Schulhalbjahr _____

Frau/Herr _____ ist …	1	2	3	4	5	6
freundlich	☐	☐	☐	☐	☐	☐
witzig	☐	☐	☐	☐	☐	☐
gerecht	☐	☐	☐	☐	☐	☐
geduldig	☐	☐	☐	☐	☐	☐

Der Unterricht ist …	1	2	3	4	5	6
spannend	☐	☐	☐	☐	☐	☐
kreativ	☐	☐	☐	☐	☐	☐
abwechslungsreich	☐	☐	☐	☐	☐	☐
verständlich	☐	☐	☐	☐	☐	☐
gut vorbereitet	☐	☐	☐	☐	☐	☐
manchmal langweilig	☐	☐	☐	☐	☐	☐

Ich mag besonders an ihr/ihm: _____

_____

Ich mag gar nicht an ihr/ihm: _____

_____

Ich wünsche ihr/ihm: _____

_____

© Verlag an der Ruhr
Postfach 10 22 51 – 45422 Mülheim an der Ruhr
www.verlagruhr.de – ISBN 3-8346-0153-5

◗ **Feedback zum Unterricht**

Alter
12–19 Jahre

Dauer
15 Minuten

Material
Arbeitsblatt mit Satzanfängen

Ziel
▣ schriftliches Feedback

Beschreibung

Die Schüler erhalten ein Arbeitsblatt, auf dem Satzanfänge notiert sind.

▣ *Wenn ich an Ihren Unterricht denke, dann kommt mir folgendes Bild in den Sinn …*
▣ *Aufmerksam wurde ich immer, wenn …*
▣ *Nicht verstanden habe ich …*
▣ *Gut fand ich …*
▣ *Langweilig war …*
▣ *Ich an Ihrer Stelle würde …*
▣ *Ich wünsche mir für die Zukunft, dass …*

Sie sollen die Sätze zu Ende schreiben. Anschließend werden die einzelnen Sätze der Reihe nach vorgetragen. Dabei wird über das Gesagte nicht diskutiert.

Variante

Die Satzanfänge stehen auf unterschiedlichen Plakaten. Wer will, kann sich aussuchen, welchen Satz er zu Ende schreiben möchte.

Hinweis

Auch hier ist eine anonyme Rückmeldung sicher ehrlicher. Daher kann der Lehrer die ausgefüllten Blätter (ohne Namensnennung) auch in Ruhe durchsehen und reflektieren. Das Ergebnis sollte er aber der Klasse präsentieren. Dabei sollte er das Geschriebene annehmen, ohne sich zu rechtfertigen. Nachfragen sind gestattet.

Körperhaltung

Feedback zum Unterricht ○

Alter
10–16 Jahre

Dauer
15 Minuten

Ziel
➡ Rückmeldung zur Unterrichtsstunde

Beschreibung

Die Schüler erhalten die Aufgabe, mit Hilfe ihres Körpers rückzumelden, wie sie die Unterrichtsstunde erlebt haben. Dazu gehen sie nacheinander nach vorne und nehmen die entsprechende Körperhaltung ein, z.B.:

➡ Gähnen (*„Ich fand es langweilig!"*),
➡ auf einem Bein stehend (*„Ich fühle mich sehr unsicher!"*),
➡ den Mund und die Augen weit geöffnet (*„Das hat mich sehr überrascht und neugierig gemacht!"*).

Die Schüler tauschen sich nach der Präsentation kurz über das aus, was sie wahrgenommen haben.

Variante

Die Mitschüler können die präsentierten Körperhaltungen in Worte übersetzen bzw. kommentieren.

Hinweis

Auch während des Unterrichts sind die körpersprachlichen Rückmeldungen für den Lehrer ein wichtiges Signal, das er nicht übersehen sollte. Entsprechend sollte auch seine Reaktion sein. Also nicht *„Setz dich mal richtig hin!"*, sondern *„Sehe ich es richtig, dass du dich langweilst?"*.

Alter
14–19 Jahre

 Dauer
ca. 15 Minuten

 Material
Arbeitsblätter, Stifte

 Ziel
▶ Reflexion der und Feedback zur Unterrichtseinheit

Beschreibung

Die Schüler setzen sich in einen Kreis. Auf ein Blatt Papier sollen sie das Unterrichtsthema schreiben, das ihnen in der zurückliegenden Unterrichtsreihe überhaupt nicht gefallen hat. Gleichzeitig gibt jeder dem Lehrer einen Tipp, was er hätte besser machen können. Der Reihe nach legt jeder Schüler sein Blatt in die Mitte und begründet seine Auswahl.

Hinweis

▶ Am effektivsten und ehrlichsten sind die spontanen Rückmeldungen.
▶ Der Lehrer sollte die Tipps der Schüler bei der nächsten Planung berücksichtigen.

Feedback-Fragebogen

Feedback zum Unterricht ○

Alter
10–19 Jahre

Dauer
15–20 Minuten

Material
Fragebogen

Ziel
➡ Reflexion und Feedback

Beschreibung

Die Schüler erhalten einen fertigen Fragebogen, auf dem sie für sich die Unterrichtserfahrungen reflektieren und dem Lehrer rückmelden sollen. Der Lehrer wertet die Fragebögen aus und präsentiert in der kommenden Stunde die Ergebnisse.

Variante

➡ Die Schüler beantworten die Fragen in einer Kleingruppe. Das ist sinnvoll, wenn die Erfahrungen gleichzeitig besprochen werden sollen.

➡ Die Schüler entwickeln selbst einen Fragebogen, der auf ihre Rückmeldungen zugeschnitten ist.

➡ Der Fragebogen kann gezielt bestimmte Erfahrungen abfragen (z.B. Thema, Befindlichkeit, Lernerfolge).

➡ Auch die Lehrer, die in einer Klasse unterrichten, sollten die Möglichkeit erhalten, den Schülern ihren persönlichen Eindruck rückzumelden.

Hinweis

➡ Am ehrlichsten sind die Rückmeldungen, wenn sie anonym sind. Eine Gefahr ist dabei aber, dass auch einiges an Unsinn vermerkt wird.

● **Feedback zum Unterricht**

Was ich von Ihnen und Ihrem Unterricht halte

	trifft vollkommen zu	trifft überwiegend zu	trifft teilweise zu	trifft kaum zu	trifft gar nicht zu
Ich erlebe Sie als gerecht.	○	○	○	○	○
… freundlich.	○	○	○	○	○
… humorvoll.	○	○	○	○	○
… hilfsbereit.	○	○	○	○	○
… tolerant.	○	○	○	○	○
… geduldig.	○	○	○	○	○
… selbstbewusst.	○	○	○	○	○
Ich freue mich, wenn Sie in unsere Klasse kommen.	○	○	○	○	○
Sie haben Spaß an Ihrem Fach.	○	○	○	○	○
Sie geben eigene Fehler zu.	○	○	○	○	○
Sie haben eine mitreißende und positive Ausstrahlung.	○	○	○	○	○
Sie verstehen Spaß.	○	○	○	○	○
Ich fühle mich von Ihnen respektiert und akzeptiert.	○	○	○	○	○
Sie akzeptieren auch andere Meinungen.	○	○	○	○	○
Ich würde mich mit persönlichen Problemen an Sie wenden.	○	○	○	○	○
Sie kennen unsere Schwächen und Stärken.	○	○	○	○	○
Sie freuen sich über Ihre Unterrichtserfolge.	○	○	○	○	○
Sie achten auf Disziplin und Ruhe.	○	○	○	○	○
Sie nehmen uns ernst.	○	○	○	○	○
Sie können gut zuhören.	○	○	○	○	○
Sie gehen auf unsere Probleme ein.	○	○	○	○	○
Sie loben uns, wenn wir gute Leistungen erbringen.	○	○	○	○	○
Ich lerne viel bei Ihnen.	○	○	○	○	○

— Fortsetzung auf Seite 84 —

© Verlag an der Ruhr
Postfach 10 22 51 – 45422 Mülheim an der Ruhr
www.verlagruhr.de – ISBN 3-8346-0153-5

Feedback-Fragebogen

Feedback zum Unterricht ○

Fortsetzung von Seite 83

Ihr Unterricht ist interessant und abwechslungsreich. ○ ○ ○ ○ ○

Sie verstehen es, mich zu motivieren. ○ ○ ○ ○ ○

Ich brauche bei Ihnen keine Angst
vor Überprüfungen zu haben. ○ ○ ○ ○ ○

Sie legen die Kriterien Ihrer Notengebung offen. ○ ○ ○ ○ ○

Sie benutzen viele Medien. ○ ○ ○ ○ ○

Ich kann Ihnen gut zuhören. ○ ○ ○ ○ ○

Sie können gut erklären. ○ ○ ○ ○ ○

Sie zählen zu den besten Lehrern, die ich habe. ○ ○ ○ ○ ○

Sie gehen auf unsere Probleme ein. ○ ○ ○ ○ ○

Sie behandeln uns alle gleich
und bevorzugen niemanden. ○ ○ ○ ○ ○

Sie zeigen uns, wofür wir das Erlernte
verwenden können. ○ ○ ○ ○ ○

Sie unterrichten mit Begeisterung. ○ ○ ○ ○ ○

Sie ermuntern uns, Fragen zu stellen und
selbst nach Lösungen zu suchen. ○ ○ ○ ○ ○

Ich glaube, Unterricht bedeutet für Sie _____

_____

_____

Wenn Sie mich in Bezug auf Ihren Unterricht um Rat fragen würden,
dann würde ich Ihnen Folgendes sagen:

_____

_____

_____

Zufriedenheit insgesamt:
(ankreuzen)

Arthur Thömmes: Das Mutmachbuch für Lehrerinnen und Lehrer. Auer 2006. S. 100f.

© Verlag an der Ruhr
Postfach 10 22 51 – 45422 Mülheim an der Ruhr
www.verlagruhr.de – ISBN 3-8346-0153-5

▶ **Feedback zum Unterricht**

Alter
10–16 Jahre

Dauer
20 Minuten

Material
Briefpapier, Umschläge, Briefmarken

Ziel
→ Reflexion
→ Formulierung von Vorsätzen und Wünschen

Beschreibung

Die Schüler erhalten vor den Ferien oder am Ende des Schuljahres den Auftrag, einen Brief an sich selbst zu schreiben. Darin sollen sie das, was sie in letzter Zeit bzw. dem vergangenen Schuljahr erlebt haben, aufschreiben. Das können gute Lernerfahrungen oder auch Misserfolge, besonders positive Erlebnisse mit der Klasse oder aber persönliche Probleme sein. Auch die Wünsche und Anregungen für die Zeit nach den Ferien bzw. im neuen Schuljahr gehören in den Brief.
Die fertigen Briefe werden in einen Umschlag gesteckt, der verschlossen wird. Die Schüler schreiben ihre eigene Adresse auf den Umschlag. Der Lehrer gibt die Briefe den Schülern zum neuen Schuljahresbeginn.

Variante

Die Briefe enthalten thematische Inhalte:
→ Was ich im vergangenen Schuljahr alles gelernt habe!
→ Was ich in den Ferien wiederholen oder aufarbeiten wollte!

Hinweis

Der Inhalt des Briefes ist persönlich und sollte daher auch nur von dem Verfasser gelesen werden.

Feedback zum Unterricht ○

 Alter
14–19 Jahre

 Dauer
20 Minuten

 Material
Arbeitsblatt

 Ziel
> Feedback zum Unterricht an den Lehrer

Beschreibung

Das persönliche Feedback an den Lehrer wird mit Hilfe des Feedback-Bogens in Wettersymbolen ausgedrückt. Die Schüler füllen den Feedback-Bogen aus. Zusammenfassend formulieren sie, in welchen Situationen sie eher im Regen stehen und wann etwa die Sonne scheint.

Variante

> Die Symbole werden auf Plakate gezeichnet und hängen für alle sichtbar aus. Mit Hilfe von Klebepunkten kann die aktuelle Wetterlage immer wieder neu erfragt werden.

> Die Schüler wagen eine Wettervorhersage und begründen ihre Auswahl (z.B. „Da ich momentan die Formel in Mathe nicht verstehe, bin ich in einem Tief.").

Hinweis

Als Formulierungshilfe können die Schüler sich im Internet unterschiedliche Wetterberichte anschauen und sich so das entsprechende Vokabular aneignen.

◯ **Feedback zum Unterricht**

Wetterbericht

	☀️	⛅	☁️
So habe ich mich im Unterricht gefühlt:	◯	◯	◯
Die Themen waren ...	◯	◯	◯
Ihr Verhalten war...	◯	◯	◯
Meine Erwartungen an den Unterricht wurden erfüllt.	◯	◯	◯
Der Unterricht war lebendig und abwechslungsreich.	◯	◯	◯
Ich fühle mich von Ihnen akzeptiert und respektiert.	◯	◯	◯
Der Unterricht war sehr informativ.	◯	◯	◯
Sie haben Spaß an Ihrem Beruf.	◯	◯	◯
Ich habe viel gelernt.	◯	◯	◯

... in Worten ausgedrückt!

Das Thema _____ hat mir besonders gut

gefallen, weil _____

Die folgenden Themen sollten wir unbedingt im Unterricht behandeln:

_____

_____

Mein Tipp für Sie!

von Schüler/in zu Lehrer/in: _____

von Mensch zu Mensch: _____

© Verlag an der Ruhr
Postfach 10 22 51 – 45422 Mülheim an der Ruhr
www.verlagruhr.de – ISBN 3-8346-0153-5

Stärken zeigen

Feedback zum Unterricht ○

 Alter
10–14 Jahre

 Dauer
30 Minuten

 Material
Symbolkarten (Kopf, Herz, Hand)

 Ziel
➡ sich der eigenen Stärken
bewusst werden

Beschreibung

Die Schüler sollen sich in Einzelarbeit auf das konzentrieren, was sie gut können. Sie lenken ganz bewusst den Blick auf ihre Stärken. Dabei sollen sie diese den folgenden drei Bereichen zuordnen:

➡ **Kopf** ➡ z.B.: *Ich kann gut Rechnen!*
➡ **Herz** ➡ z.B.: *Ich kann gut zuhören!*
➡ **Hand** ➡ z.B.: *Ich kann gut malen!*

Variante

„Wir sind eine starke Truppe!" – An den Wänden hängen Kopf, Herz und Hand in vergrößertem Format. Die ganze Klasse schreibt ihre Stärken auf die einzelnen Symbole.

Hinweis

Oft ist Unterricht zu defizitorientiert. Um ein positives Selbstbild entwickeln zu können, ist es wichtig, dass die Schüler auch die eigenen Stärken kennen und diese auch einzusetzen lernen. Dabei sollten sie aber nicht nur die eigenen Stärken, sondern auch die der anderen kennen und schätzen lernen.

 Alter
14–19 Jahre

 Dauer
ca. 30 Minuten

 Ziel
➡ Reflexion des Unterrichtsverlaufs
➡ Erfahrungsbericht

Beschreibung

Theaterkritiker haben die Aufgabe, besonders Neuinszenierungen kritisch zu würdigen. Dabei spielen einige wichtige Komponenten eine Rolle: Bühne, Schauspieler, Inszenierung, Regie, Bühnenbild, Choreographie, Stimmen u.a.

Der Lehrer erklärt den Schülern, wie eine solche Rezension aussieht und was das Besondere ist. Die Schüler erhalten die Aufgabe, eine solche Rezension über eine Unterrichtsstunde zu schreiben. Sie sollte sich an der Sache orientieren, aber auch subjektive Eindrücke des Schreibers müssen ihren Platz finden. Dabei ist vor allem Originalität gefragt. Da das Vortragen aller Kritiken den zeitlichen Rahmen überschreiten würde, sichtet der Lehrer die originellsten Rezensionen. Diese werden von den Verfassern präsentiert und zur Diskussion gestellt.

Variante

➡ Die Schüler besprechen in Kleingruppen einzelne Rezensionen. Jeweils eine Kritik wird ausgewählt und im Plenum vorgetragen.

➡ Die Rezensionen werden eingesammelt, gemischt und neu verteilt. Die Schüler lesen die Rezension vor, die ihnen als besonders gelungen erscheinen.

Hinweis

Auch hier sollte klar sein, dass es nicht um eine Rückmeldung nur für den Lehrer geht. Alle Beteiligten, und damit auch die Verfasser der Kritiken, sind Thema der Rezensionen.

Feedback-Erfahrungen

Feedback zum Unterricht ❍

 ### Alter
16–19 Jahre

 ### Dauer
45 Minuten

 ### Material
Arbeitsblatt

 ### Ziel
→ Reflexion der eigenen Feedback-Erfahrungen

Beschreibung

Die Schüler sollen ihre eigenen Erfahrungen mit Feedback, ihre Ängste und Erwartungen formulieren. Die folgenden Fragen können auf einem Arbeitsblatt in Kleingruppen bearbeitet werden:

→ *Was hast du bei der Übung über dich selbst erfahren?*
→ *Wie hast du die positiven Rückmeldungen erlebt?*
→ *Was hat das negative Feedback in dir ausgelöst?*
→ *Wie gehst du mit den Rückmeldungen um?*
→ *Was war für dich einfacher: das Feedback-Nehmen oder -Geben?*
→ *Hältst du Feedback-Geben und -Nehmen für sinnvoll?*

Die Ergebnisse werden in den Kleingruppen vorgestellt und besprochen.

Variante

Die Reflexion kann auch in einem kurzen Blitzlicht im Anschluss an die Feedback-Übung durchgeführt werden.

Hinweis

Für den Lehrer sind die Ergebnisse wichtig, damit er die Übungen der jeweiligen Gruppe anpassen und die Regeln des Feedbacks (s. S. 64–67) immer wieder neu korrigieren und erläutern kann.

Dreckige Wäsche waschen 69

○ Feedback zum Unterricht

Alter
10–16 Jahre

Material
Papier, Scheren, Stifte, Leine

Dauer
ca. 45 Minuten

Ziel
→ Reflexion der
Unterrichtssituation

Beschreibung
Der Lehrer erläutert den Schülern die Feedback-Methode. Es soll dreckige
Wäsche betrachtet, dann gewaschen, getrocknet und schließlich zum Trocknen
aufgehängt werden. Dazu erhalten alle Schüler zunächst ein weißes Blatt Papier.
Daraus sollen sie ein Kleidungsstück (Hose, Hemd, Strümpfe etc.) ausschneiden.
Auf dem Kleidungsstück (der „dreckigen Wäsche") sollen sie alles notieren,
was ihnen am Unterricht nicht gefällt und was sie ärgert. Anschließend wird
die „dreckige Wäsche" ausgelegt. Alle können nun die Ergebnisse durchlesen.
Im zweiten Schritt wird beraten, wie die Wäsche wieder sauber gewaschen
werden kann. Jeder kann Verbesserungsvorschläge machen. Sie werden auf
den Rückseiten der Wäschestücke notiert. Die dreckige Wäsche wird gewaschen.
Im dritten Schritt wird die Wäsche zum Trocknen an eine Leine gehängt.
Sie bleibt dort hängen, damit immer wieder überprüft werden kann, ob die
Wäsche wirklich trocken ist, die Vorschläge also in die Tat umgesetzt wurden.

Hinweis
Diese spielerische Methode eignet sich auch sehr gut, um nach Konflikten oder
Problemen in der Klasse nach einer gemeinsamen Lösung zu suchen.

Lernen im Gleichgewicht

Feedback zum Unterricht ◁

 Alter
16–19 Jahre

 Dauer
ca. 45 Minuten

 Material
Arbeitsblatt (TZI)

 Ziel
➡ Reflexion und Feedback

Beschreibung

Die Methode ist angelehnt an die Idee der „**Themenzentrierten Interaktion**" (TZI)
von Ruth Cohn. Dabei geht es um das Arbeiten in einem Gleichgewicht, das sich
nur herstellen lässt, wenn die einzelnen Elemente beachtet werden:

Ich = die Persönlichkeit, **Wir** = die Gruppe, **Es** = das Thema,
Globe (das Drumherum) = die Rahmenbedingungen.

Die Grundidee wird auf eine Unterrichtssituation übertragen und mit Hilfe der
Skizze erläutert. Die Schüler sollen einzeln bzw. in Kleingruppen eine Unterrichtseinheit mit Hilfe der vier Elemente erläutern. Anschließend überlegen die Schüler,
ob sie die Unterrichtssituation im Gleichgewicht bzw. Ungleichgewicht erlebt
haben und welche Konsequenzen das Ergebnis für die Lerngruppe haben könnte.
Es sollen konkrete Ideen entwickelt werden.

Variante

➡ Zur besseren Verständlichkeit der TZI-Methode können auch die Regeln
zur Gruppeninteraktion von Ruth Cohn vorgestellt werden.
➡ Die einzelnen Elemente können auch unter bestimmten Fragestellungen
bearbeitet werden, z.B. Was habe ich gelernt?.

○ Feedback zum Unterricht

Die **Themenzentrierte Interaktion** (TZI) ist von der Psychoanalytikerin Ruth C. Cohn ursprünglich entwickelt worden, um das Lernen und Arbeiten in Gruppen und im alltäglichen Leben zu fördern.

Es ist aber auch möglich, das Modell auf den Unterricht zu übertragen. TZI beruht auf der Annahme, dass die drei Pole des Dreiecks (Ich, Wir, Es) in ständiger Beziehung stehen und voneinander abhängig sind. Das gilt auch für den so genannten Globe (das Drumherum). Wenn die drei Pole im Gleichgewicht sind, bedeutet das die beste Form des Miteinanders. Dieser ausgewogene Zustand ist natürlich immer nur vorübergehend vorhanden. Alles ist ständig in Bewegung.

Versuche, diese Grundidee der TZI auf die erlebte Unterrichtseinheit zu übertragen. Wann herrschte ein Zustand des Gleichgewichts? Was sorgte für ein Ungleichgewicht? Was hätten wir tun müssen, um die Balance zu erreichen bzw. zu erhalten?

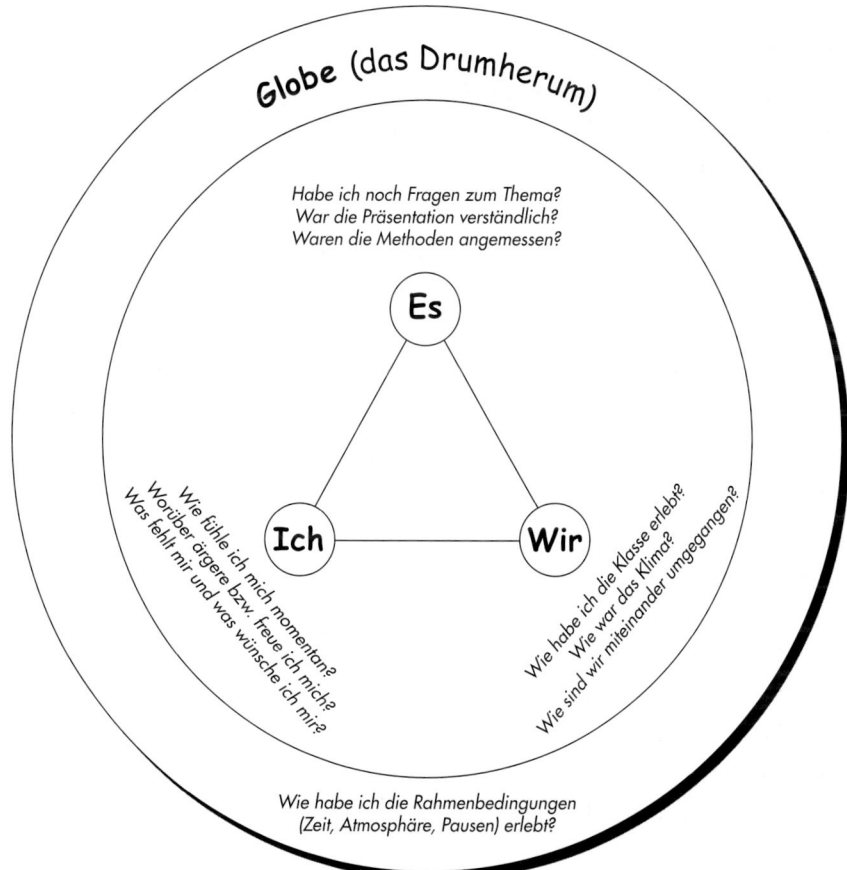

Globe (das Drumherum)

Habe ich noch Fragen zum Thema?
War die Präsentation verständlich?
Waren die Methoden angemessen?

Es

Wie fühle ich mich momentan?
Worüber ärgere bzw. freue ich mich?
Was fehlt mir und was wünsche ich mir?

Ich

Wir

Wie habe ich die Klasse erlebt?
Wie war das Klima?
Wie sind wir miteinander umgegangen?

Wie habe ich die Rahmenbedingungen
(Zeit, Atmosphäre, Pausen) erlebt?

© Verlag an der Ruhr
Postfach 10 22 51 – 45422 Mülheim an der Ruhr
www.verlagruhr.de – ISBN 3-8346-0153-5

Mein Lerntagebuch

Feedback zum Unterricht ◐

Alter
10–19 Jahre

Dauer
Schuljahr

Material
Heft bzw. Ordner, Arbeitsblatt

Ziel
➡ persönliche Reflexion der Lernerfahrungen und -fortschritte

Beschreibung

Jeder Schüler erhält vom Lehrer ein Arbeitsblatt für ein persönliches Lerntagebuch, in dem jeder seinen Lernfortschritt reflektieren kann. Es bleibt in der Hand der Schüler und wird nicht vom Lehrer korrigiert oder bewertet. Der Lehrer erläutert den Schülern die Bedeutung und Führung eines Lerntagebuches. Dabei geht es vor allem darum, dass die Schüler eine Entwicklung feststellen, indem sie regelmäßig Eintragungen machen und so Veränderungen feststellen können. Auf Wunsch können die Schüler die Lernentwicklung mit dem Lehrer besprechen. Auch unter den Mitschülern kann ein Austausch über die Erfahrungen stattfinden.

Hinweis

Mit Hilfe des Lerntagebuchs sollen die Schüler ihre persönliche Lerngeschichte dokumentieren und reflektieren.

○ **Feedback zum Unterricht**

Lerntagebuch

Datum: _____ Fach: _____ Unterrichtsstunde: _____

Lehrer: _____ Thema: _____

Das habe ich heute gelernt:

_____

_____

Das habe ich gut verstanden:

_____

_____

Das habe ich nicht verstanden:

_____

_____

So habe ich mich gefühlt:

_____

_____

Das will ich verändern:

_____

_____

Das habe ich mir als Aufgabe gestellt:

_____

_____

Sonstiges: _____

Unterschrift: _____

© Verlag an der Ruhr
Postfach 10 22 51 – 45422 Mülheim an der Ruhr
www.verlagruhr.de – ISBN 3-8346-0153-5

Ampel-Feedback

Feedback zum Unterricht ◁

Alter
10–14 Jahre

Dauer
je nach Bedarf

Material
Ampel

Ziel
→ spontanes Feedback

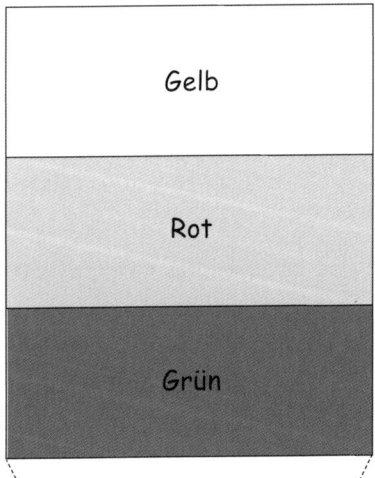

Beschreibung

Die Ampel ermöglicht ein unmittelbares Feedback der Schüler, ohne dass der Unterrichtsverlauf unterbrochen werden muss. Wenn die Schüler es im Laufe des Unterrichts für wichtig erachten, signalisieren sie dem Lehrer ihren aktuellen Standpunkt. Dazu erhalten die Schüler eine Vorlage in Form eines Prismas, aus der sie sich die Ampel basteln. Die einzelnen Farben bedeuten:

Grün: Momentan verstehe ich alles gut!

Gelb: Ich bin ein wenig verunsichert!

Rot: Ich verstehe nichts!

Die Schüler haben die Ampel gut sichtbar auf dem Tisch liegen, sodass der Lehrer die Signale der Schüler jederzeit sehen und entsprechend reagieren kann.

Variante

Der Lehrer kann die Schüler natürlich auch zu einem Ampel-Feedback auffordern.

Hinweis

Anfangs wird diese Methode für ein wenig Unruhe sorgen. Wenn sie jedoch zu einem festen Ritual geworden ist, wird es zu keiner Störung mehr kommen.

Stimmungsbarometer

> ● **Feedback zur Klassengemeinschaft**

 Alter
10–19 Jahre

 Dauer
5 Minuten

 Material
Plakate, Stifte oder Klebepunkte

 Ziel
→ Überblick über die aktuelle Stimmungslage

Beschreibung

An drei Plakatwänden können die Schüler am Ende des Unterrichts ihre momentane Gefühlslage verdeutlichen. Das kann mit farbigen Klebepunkten oder mit Strichen durchgeführt werden. Somit ist auf einen Blick sichtbar, wie der momentane Gefühlszustand einzuschätzen ist. Durch die Smileys kann auch ausgedrückt werden, ob die Schüler den Stoff der Unterrichtsstunde verstanden haben. Bei extremen Werten sollte der Lehrer die Situation thematisieren.

Variante

→ Jeder Schüler hat einen Satz an Smiley-Knöpfen (Magnete), die er immer wieder benutzen kann.

→ Die Stimmung kann auch mit Hilfe einer Skala (links: lachender Smiley, rechts: trauriger Smiley) oder einer Temperaturanzeige festgestellt werden.

→ Die Schüler geben ihre momentane Stimmung in Form eines Wetterberichtes ab (vgl. S. 87).

Hinweis

Mit dieser Methode erhält man ohne großen Aufwand und in kürzester Zeit einen Einblick in die aktuelle Stimmungslage der Schüler. Übrigens: Auch Lehrer sollten signalisieren, wie sie „drauf sind".

 # Gefühlskarten

Feedback zur Klassengemeinschaft ○

Alter
10–14 Jahre

Dauer
5 Minuten

Material
Gefühlskarten (lustlos, fröhlich,
ängstlich, aufgeregt usw.)

Ziel
→ Gefühle ausdrücken

Beschreibung

Jeder Schüler erhält einen Satz an Gefühlskarten. Er wählt die aus,
die seiner momentanen Gefühlslage entspricht. Diese kann er bunt ausmalen
und mit einem individuellen Symbol kennzeichnen. Nach Bedarf kann der Lehrer
ein Gefühls-Feedback einholen. *(„Wie fühlst du dich momentan?")*

Variante

Der Lehrer fordert die Schüler zu einem Gefühls-Feedback auf,
wenn er spürt, dass es Störungen gibt.

Hinweis

→ Die Gefühlskarten können zu einem festen Unterrichtsmaterial werden,
   mit deren Hilfe der Lehrer immer wieder eine Rückmeldung erhalten kann.

→ Wenn das Feedback anonym sein soll, sollten die Karten nicht bearbeitet
   werden, sondern jeder Schüler kann die jeweilige Karte verdeckt vorne
   auf den Lehrertisch legen.

→ Die Karten können immer wieder überprüft und von den Schülern
   ergänzt werden.

◯ **Feedback zur Klassengemeinschaft**

müde	nachdenklich	traurig	wütend	
lustlos	neugierig	satt	unverstanden	
kritisch	mulmig	gespannt	unsicher	
ängstlich	motiviert	faul	fröhlich	
nervös	super	glücklich	sauer	
gut	aufgeregt	beruhigt	gelangweilt	

© Verlag an der Ruhr
Postfach 10 22 51 – 45422 Mülheim an der Ruhr
www.verlagruhr.de – ISBN 3-8346-0153-5

 **Frusteimer**

Feedback zur Klassengemeinschaft ◁

 Alter
10–16 Jahre

 Dauer
5 Minuten

 Material
Frusteimer, Papier, Stift

 Ziel
▣ den Frust von der Seele
schreiben bzw. reden

Beschreibung

In der Mitte des Klassenraumes steht ein Mülleimer, in den die Schüler symbolisch ihren ganzen Frust und Ärger werfen können. Dazu schreibt jeder Schüler seine momentan größte Sorge *(Worüber ich mich ärgere/traurig bin!)* auf ein Blatt Papier, knüllt es zusammen, wirft es in den Frusteimer und atmet dabei tief durch.

Variante

Die Schüler schreiben ihren Frust auf, äußern ihn dann verbal, indem sie in einem Satz formulieren, was sie momentan besonders ärgert. Dabei wird nur bei großem Bedarf über das Thema gesprochen. Anschließend werfen sie das Papier in den Frusteimer.

Hinweis

Die symbolische Geste des in den Frusteimer-Werfens löst natürlich kein Problem. Dazu bedarf es des konstruktiven Gespräches. Die Methode soll lediglich zu einer Art Erleichterung führen, um den Kopf für andere Dinge frei zu machen.

○ **Feedback zur Klassengemeinschaft**

Alter
14–19 Jahre

Dauer
10 Minuten

Ziel
➡ kontrolliertes Feedback geben

Beschreibung
Die Schüler bilden mehrere Gruppen, die jeweils im Kreis sitzen.
Wer ein Feedback von der Gruppe empfangen möchte, steht auf und
stellt sich in den Außenkreis. Möchte er eine positive Rückmeldung erfahren,
geht er den Kreis im Uhrzeigersinn ab. Beim Gehen in umgekehrter Richtung
erhält er ein negatives Feedback. Bleibt er stehen, können die Teilnehmer
formulieren, was sie ihm für die Zukunft wünschen.

Variante
Eine Variante wäre, wenn der Feedback-Nehmer auch durch die Entfernung
vom Kreis die Intensität der Rückmeldung bestimmen könnte.

Hinweis
Diese Form des Feedbacks ist dann besonders hilfreich, wenn der Feedback-
Nehmer entscheiden will, was für ein Feedback er haben möchte.

Namens-Feedback

Feedback zur Klassengemeinschaft ◄

 Alter
10–14 Jahre

 Dauer
10 Minuten

 Material
Papier bzw. Karten

 Ziel
➡ Feedback

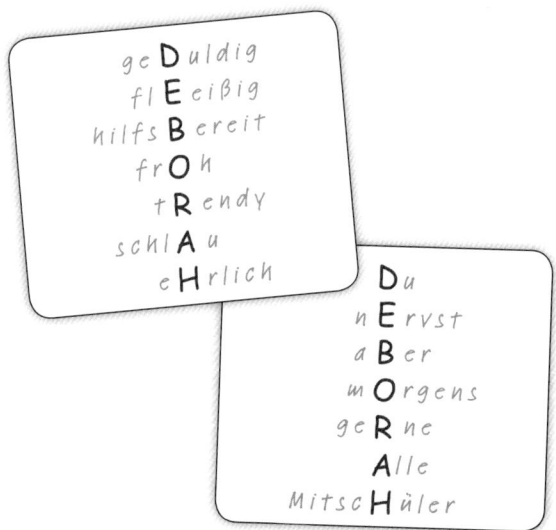

Beschreibung

Jeder Schüler sucht sich einen Partner und schreibt dessen Namen senkrecht
auf ein Blatt Papier. In Form eines Kreuzworträtsels sollen Eigenschaften des
Gegenübers waagerecht eingetragen werden. Anschließend werden die Blätter
ausgetauscht und die Rückmeldungen zunächst in Ruhe betrachtet.
Nun kann jeder erläutern, was er mit den notierten Eigenschaften verbindet.
Der Feedback-Nehmer kann bei unklaren Beschreibungen Nachfragen stellen.
Es sollte allerdings nicht über das Geschriebene diskutiert werden.

Variante

➡ Das Namens-Feedback kann unter unterschiedlichen Fragestellungen
   entworfen werden, z.B.: *Was ich an dir mag!*
                          Was ich nicht an dir mag!
                          Was du gut kannst!
                          Was du unbedingt noch üben solltest!
➡ Die Schüler bilden mit dem Namen einen Satz.

Hinweis

Das Kreuzworträtselschema sollte vor der Übung an einem Beispiel
verdeutlicht werden.

> Feedback zur Klassengemeinschaft

Alter
14–19 Jahre

Dauer
10 Minuten

Ziel
→ Feedback geben
→ Imagination

Beschreibung

Zwei Schüler setzen sich gegenüber. Sie erhalten den Auftrag, sich gegenseitig mit einer Farbe zu beschreiben (z.B.: *„Wenn ich mir vorstelle, du wärst eine Farbe, dann wärst du für mich gelb.")*. Sie sollen erläutern, was sie mit der Farbe verbinden (*„Gelb erinnert mich an die Sonne. Es ist eine angenehme und warme Farbe. Du strahlst dieses Gefühl aus!"*). Beide unterbrechen sich nicht bei den Ausführungen.

Variante

Anstatt der Farbe können auch andere Bilder gewählt werden:
Wetter, Landschaft, Auto, Tier, Star, Blume …

Hinweis

Die Visualisierung sollte vor der Übung an einem Beispiel erläutert werden.

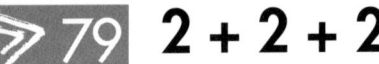

2 + 2 + 2

Feedback zur Klassengemeinschaft ◐

Alter
14–19 Jahre

Dauer
10 Minuten

Ziel
→ Feedback geben und empfangen

Beschreibung

Jeder Schüler erhält die Gelegenheit, dem Mitschüler und dem Lehrer ein Feedback zu geben. Dabei sind folgende Regeln einzuhalten:

- → Er äußert zunächst zwei Komplimente.
- → Es folgen zwei negative Erfahrungen.
- → Zwei Ideen und Verbesserungsvorschläge.

Über das Gesagte wird nicht diskutiert. Am Ende der Runde können gezielt Fragen gestellt werden, die aber nur kurz beantwortet werden dürfen.

Variante

Die Rückmeldungen können auf drei Feedback-Bögen notiert werden.

Hinweis

Wichtig ist bei dieser Übung die Ausgewogenheit zwischen Kritik und Lob und die sich daraus ergebenden Konsequenzen zur Optimierung.

Ich schenke dir ein gutes Wort

○ **Feedback zur Klassengemeinschaft**

Alter
10–16 Jahre

Dauer
10 Minuten

Material
leere Blätter

Ziel
▸ Ermutigungen

▸ positive Eigenschaften wahrnehmen und ausdrücken

Beschreibung
Jeder Schüler erhält 4 Blätter, die er mit einem guten Wort oder Satz beschriften kann (z.B. „Ich mag an dir …" oder „Mach weiter so!"). Die Blätter kann er an andere Schüler verschenken.

Variante
Jeder Schüler hat auf dem Rücken eine Kartonkarte kleben, auf der Satzanfänge notiert sind („Ich kann …", „Ich bin …", „Ich habe …"). Alle bewegen sich im Raum. Wenn einer dem anderen die Hand auf die Schulter legt, bleibt dieser stehen. Nun kann der andere einen Satz auf dem Karton ergänzen. Dabei sollten nur positive Aussagen notiert werden. Am Schluss der Übung nehmen alle ihre Schilder ab und können in Ruhe lesen, welche Botschaften ihnen mitgeteilt wurden.

Hinweis
Der Lehrer sollte bei der Einführung besonders darauf achten, dass es nicht unbedingt nur um Sympathie beim Verschenken der Worte geht. Er sollte die Schüler ermuntern, besonders denen ein Geschenk zu machen, die sie sonst nicht beachten.

Auge, Ohr, Mund und Hand

Feedback zur Klassengemeinschaft ○

Alter
14–16 Jahre

Dauer
15 Minuten

Material
Arbeitsblatt

Ziel
- ➡ persönliches Feedback
- ➡ Fremd- und Selbstwahrnehmung

Beschreibung

Mit Hilfe des Arbeitsblattes sollen sich zwei Personen ein Feedback geben. Dabei soll der jeweilige Partner mit Hilfe folgender Symbole beschrieben werden:

- ➡ **Auge** *(Wie du die Welt und die Menschen siehst!)*
- ➡ **Ohr** *(Wie du zuhören kannst!)*
- ➡ **Mund** *(Wie und was du sprichst!)*
- ➡ **Hand** *(Wie du die Dinge anpackst!).*

Nach dem Ausfüllen des Blattes werden diese getauscht und jeder kann zunächst sein Feedback betrachten. Anschließend kann in einem Gespräch nachgefragt und erläutert werden.

Variante

Auge, Ohr, Mund und Hand werden gezeichnet und ausgeschnitten. Darauf werden die entsprechenden Eigenschaften notiert.

○ **Feedback zur Klassengemeinschaft**

▶ Wie du die Welt und die Menschen siehst:

_____

_____

_____

_____

▶ Wie du zuhören kannst:

_____

_____

_____

_____

▶ Wie und was du sprichst:

_____

_____

_____

_____

▶ Wie du die Dinge anpackst:

_____

_____

_____

_____

© Verlag an der Ruhr
Postfach 10 22 51 – 45422 Mülheim an der Ruhr
www.verlagruhr.de – ISBN 3-8346-0153-5

Hinter die Maske schauen

Feedback zur Klassengemeinschaft ○

Alter
16–19 Jahre

Dauer
15 Minuten

Ziel
➡ Selbsterfahrung und Fremdwahrnehmung

Beschreibung

Viele Menschen verstecken ihr wahres Gesicht hinter einer Maske.
Oft haben sie Angst, dass die anderen erkennen, wie sie wirklich sind.
Jeder Schüler sucht sich einen Partner, der bereit ist, den anderen hinter
seine Maske blicken zu lassen.
In einem Gespräch diskutieren die Schüler darüber, was man hinter der
Maske des anderen vermutet. Der Feedback-Nehmer kann Klärungsfragen
stellen, korrigieren und weitere Einblicke hinter seine Maske gewähren.

Variante
Die Klasse kann die Übungen auch mit dem Lehrer
durchführen.

Hinweis
Diese Übung ist sinnvoll in einer vertrauens-
vollen Atmosphäre. Die Schüler sollten
über ein hohes Maß an Selbstreflexion
verfügen. Vor Beginn der Übung muss
deutlich auf die Grenzen hingewiesen
werden: Jeder zeigt nur so viel von
sich, wie er zeigen möchte.

○ **Feedback zur Klassengemeinschaft**

Alter
10–14 Jahre

Dauer
15 Minuten

Ziel
▶ positive Rückmeldung und Ermutigung

Beschreibung

Die Schüler arbeiten in Zweiergruppen. Während der Übung werden dreimal neue Gruppen gebildet. Die Aufgabe besteht darin, dem anderen positive Rückmeldungen zu geben. Dabei sollen jeweils zwei Sätze ausgetauscht werden:

▶ *Ich mag an dir …*
▶ *Interessant finde ich an dir …*

Im Plenumsgespräch sollen die Schüler äußern, welches Gefühl es bei ihnen auslöst, wenn ihnen jemand sagt, was er an ihnen mag. Weitere Fragen, die besprochen werden können, lauten:

▶ Was hast du Neues über dich erfahren?
▶ Warum habe ich bestimmte Personen ausgewählt?
▶ Warum haben mich bestimmte Mitschüler ausgewählt?
▶ Ist es dir schwergefallen, jemanden etwas Gutes zu sagen?

Variante

Die Schüler bewegen sich im Kreis. Nach einem Signal sollen sie dem Mitschüler, der ihnen am nächsten steht, eine positive Rückmeldung geben.

Hinweis

Erfahrungsgemäß fällt es zunächst schwer, positive Rückmeldungen zu geben. Die Schüler sollten in der Vorbereitung dazu ermuntert werden, besonders Mitschüler anzusprechen, mit denen sie sonst weniger Kontakt haben.

Fantasiereise

Feedback zur Klassengemeinschaft ○

Alter

16–19 Jahre

Dauer

ca. 15 Minuten

Ziel

➜ Selbsterfahrung

➜ Imagination

Beschreibung

Ziel der Fantasiereise ist es, sich gedanklich in eine Situation zu versetzen, in der einer Gruppe oder einer Person ein Feedback gegeben wird.
Die Schüler können anschließend das Erlebte mitteilen.
Dabei wird nicht über die einzelnen Erfahrungen diskutiert.

Variante

Alle versetzen sich in die Rolle eines Lehrers. In der Fantasiereise erleben die Teilnehmer eine gute bzw. chaotische Unterrichtsstunde.

Hinweis

➜ Am Anfang sollte eine Hinführung zur Entspannung und am Ende eine Rückkehr in den Raum stehen.

➜ Der Sprecher sollte den Text ruhig und langsam vortragen. Zwischen den einzelnen Sätzen werden Pausen eingelegt, damit die Teilnehmer Zeit haben, sich die Bilder vorzustellen.

○ **Feedback zur Klassengemeinschaft**

„Nimm einen bequeme Sitzhaltung ein und schließe die Augen … Atme ruhig ein und aus … Versuche, die Geräusche, die du noch hörst, abzuschalten und blicke tief in dich hinein …

Stelle dir vor, dass du diese Klasse betrittst … Du siehst alle Schüler und den Lehrer …

Blicke sie neugierig an. Was siehst du? … Gehe auf einen Schüler zu und sage ihm etwas Positives … Gehe auf einen anderen Mitschüler zu und sage ihm, was dich an ihm ärgert … Stelle dich vor die Klasse und blicke alle nochmals an … Formuliere, was du der Klassengemeinschaft wünschst …

Nimm wahr, wie die Klasse darauf reagiert … Du verabschiedest dich und verlässt den Raum … Verweile noch ein wenig in Ruhe und denke über das Erlebte nach …

Öffne nun ganz vorsichtig deine Augen und blicke dich in der Klasse um."

© Verlag an der Ruhr
Postfach 10 22 51 – 45422 Mülheim an der Ruhr
www.verlagruhr.de – ISBN 3-8346-0153-5

Ich kenne dich (nicht)!

Feedback zur Klassengemeinschaft ◑

 Alter
10–16 Jahre

 Dauer
20 Minuten

 Ziel
→ Selbst- und Fremdwahrnehmung

Beschreibung

Die Namen aller Schüler werden auf Zettel geschrieben und in einen Behälter gelegt. Jeweils zwei Namen werden gezogen. Sie bilden eine Gruppe und überlegen schriftlich, welche Antworten der andere auf die folgenden Fragen geben wird.

→ Was mache ich gerne?
→ Was gefällt mir besonders an mir?
→ Über was freue ich mich am meisten?
→ Worüber ärgere ich mich öfters?
→ Was kann ich gut?
→ Was kann ich nicht gut?
→ Was will ich unbedingt noch lernen?
→ Wie fühle ich mich momentan?

Nun werden die Blätter ausgetauscht und zunächst in Ruhe gelesen. Anschließend können sich beide darüber unterhalten, wie man zu der jeweiligen Einschätzung kommt und ob sie richtig oder falsch ist.

Variante

Die Gruppenbildung erfolgt durch die Frage: *„Von wem möchte ich wissen, wie er/sie mich einschätzt?"*

Hinweis

Die Fragen können altersgemäß abgeändert werden.

Alter
10–16 Jahre

Dauer
20 Minuten

Material
Fotokartei

Ziel
▪ Rückmeldung mit Hilfe von Bildern
▪ momentane Stimmung ausdrücken

Beschreibung

Bilder und Fotos werden im Klassenraum auf dem Boden verteilt. Die Schüler erhalten den Auftrag, die Bilder in Ruhe zu betrachten und sich ein Bild auszuwählen, das ihrem momentanen Gefühlszustand entspricht.
Anschließend kann jeder Schüler kurz sein Bild *(Was sehe ich?)* und die damit verbundenen Gefühle vorstellen. Dabei wird nicht über das Gesagte diskutiert.

Variante

Das Gespräch mit Hilfe der Bilder kann auch in Zweier- oder Dreiergruppen stattfinden. Dabei kann eine Person ihre Vermutung schildern, warum ein anderer ein bestimmtes Bild ausgewählt hat und was es mit ihm zu tun hat.

Hinweis

▪ Die Methode eignet sich gut als Feedback am Ende einer Unterrichtsstunde oder -einheit, vor den Ferien oder am Ende des Schuljahres.
▪ Eine eigene Bilderkartei kann für jede Klasse schnell angelegt werden. Die Schüler haben den Auftrag, aus Zeitungen und Zeitschriften Bilder auszuschneiden und mitzubringen. Die Bilder werden auf etwa 50 reduziert, auf weiße Blätter geklebt, in eine Klarsichthülle gesteckt und in einem Ordner abgeheftet. Die Bildkartei kann ständig aktualisiert und ergänzt werden.

Fremd- und Selbstbild

Feedback zur Klassengemeinschaft ◁

Alter
14–19 Jahre

Dauer
20 Minuten

Material
Arbeitsblatt

Ziel
▣ Fremd- und Selbstbild überprüfen

Beschreibung

Jeweils zwei Schüler setzen sich zusammen. Mit Hilfe des Arbeitsblattes sollen beide sich gegenseitig sagen, wie sie den anderen wahrnehmen (in einer Skala von **1 – trifft ganz genau zu** – bis **7 – trifft überhaupt nicht zu**). Nach der gegenseitigen Einschätzung werden die Blätter ausgetauscht, um die Fremdwahrnehmung zu betrachten. Beim anschließenden Gespräch kann nachgefragt werden, um Unklarheiten zu beseitigen.

Variante

▣ Die beiden Schüler geben vor, worüber sie eine Rückmeldung erhalten möchten.

▣ Jeder Schüler erhält zwei Arbeitsblätter. Zunächst versucht er, sich auf dem einen Blatt selbst einzuschätzen, auf dem anderen dann seinen Gesprächspartner. Interessant wird es dabei sicher, wenn sich große Unterschiede in der Selbst- und Fremdeinschätzung ergeben.

Hinweis

Manchmal überrascht es uns, wenn wir erfahren, wie andere uns wahrnehmen und einschätzen. Die Feedback- und Selbsterfahrungsübung will dazu anregen, sich mit dem Selbst- und Fremdbild zu beschäftigen. Dabei müssen nicht unbedingt alle Punkte des Arbeitsblattes angekreuzt werden.

● Feedback zur Klassengemeinschaft

Ich erlebe dich/mich als ...

	1	2	3	4	5	6	7
selbstbewusst	☐	☐	☐	☐	☐	☐	☐
egoistisch	☐	☐	☐	☐	☐	☐	☐
gut gelaunt	☐	☐	☐	☐	☐	☐	☐
geduldig	☐	☐	☐	☐	☐	☐	☐
ängstlich	☐	☐	☐	☐	☐	☐	☐
aufmüpfig	☐	☐	☐	☐	☐	☐	☐
störend	☐	☐	☐	☐	☐	☐	☐
einfühlsam	☐	☐	☐	☐	☐	☐	☐
aggressiv	☐	☐	☐	☐	☐	☐	☐
cool	☐	☐	☐	☐	☐	☐	☐
zurückhaltend	☐	☐	☐	☐	☐	☐	☐
spontan	☐	☐	☐	☐	☐	☐	☐
neidisch	☐	☐	☐	☐	☐	☐	☐
höflich	☐	☐	☐	☐	☐	☐	☐
hilfsbereit	☐	☐	☐	☐	☐	☐	☐
angeberisch	☐	☐	☐	☐	☐	☐	☐
beliebt	☐	☐	☐	☐	☐	☐	☐
entspannt	☐	☐	☐	☐	☐	☐	☐
launisch	☐	☐	☐	☐	☐	☐	☐
optimistisch	☐	☐	☐	☐	☐	☐	☐
stur	☐	☐	☐	☐	☐	☐	☐
motiviert	☐	☐	☐	☐	☐	☐	☐
zuverlässig	☐	☐	☐	☐	☐	☐	☐
kritisch	☐	☐	☐	☐	☐	☐	☐
ehrlich	☐	☐	☐	☐	☐	☐	☐
sorgfältig	☐	☐	☐	☐	☐	☐	☐

Klassen-ABC

Feedback zur Klassengemeinschaft ○

 Alter
10–14 Jahre

 Dauer
30 Minuten

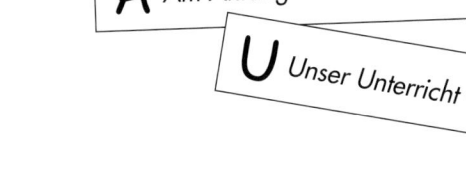

A Am Anfang war alles chaotisch!

U Unser Unterricht war ultragut!

 Material
Klassen-ABC

 Ziel
→ Rückmeldung an die Klasse
→ Reflexion

Beschreibung

Die Schüler notieren auf dem Klassen-ABC alles, was ihnen zur aktuellen Situation in der Klasse einfällt. Das kann den Unterricht, die Klassengemeinschaft oder auch persönliche Befindlichkeiten betreffen. Es können einzelne Wörter, aber auch Sätze, in denen der jeweilige Buchstabe häufiger vorkommt, aufgeschrieben werden (z.B.: *„Am Anfang war alles chaotisch!"* oder *„Unser Unterricht war ultragut!"*). Die einzelnen Alphabete werden für alle sichtbar an einer Wand angebracht. In einem gemeinsamen Gespräch werden die besonders auffälligen Erfahrungen nochmals benannt, aber nicht diskutiert. In einer Schlussrunde kann formuliert werden, was man sich zukünftig wünscht.

Variante
Einzelne Buchstaben hängen verteilt im Raum und können beschriftet werden.

Hinweis
Besonders am Ende eines Schuljahres ist es sinnvoll, die gemeinsame Zeit zu reflektieren und alles, was sich an guten und schlechten Erfahrungen angesammelt hat, zu benennen.

◐ **Feedback zur Klassengemeinschaft**

Klassen-ABC

A	N
B	O
C	P
D	Q
E	R
F	S
G	T
H	U
I	V
J	W
K	X
L	Y
M	Z

Postfach 10 22 51 – 45422 Mülheim an der Ruhr
www.verlagruhr.de – ISBN 3-8346-0153-5

Zeig mir ein Bild!

Feedback zur Klassengemeinschaft ◁

Alter
10–14 Jahre

Dauer
30 Minuten

Material
Blatt, Stifte

Ziel
➡ Rückmeldung über die Klassengemeinschaft
➡ momentane Stimmung ausdrücken

Beschreibung

Die Schüler malen ein abstraktes Bild, das ihr Wohlbefinden in der Klasse ausdrückt. Der Fantasie sind dabei keine Grenzen gesetzt. Die Bilder werden in der Klasse aufgehängt. Die Klasse kann über die Bilder sprechen, die ihr besonders auffallen. Dabei sollte geklärt werden, was man tun kann, damit sich alle in der Klasse wohlfühlen.

Variante

Die Schüler malen ein Bild für einen anderen Mitschüler.

Hinweis

Eine eigene Bilderkartei kann für jede Klasse schnell angelegt werden. Die Schüler haben den Auftrag, aus Zeitungen und Zeitschriften Bilder auszuschneiden und mitzubringen.
Die Bilder werden auf etwa 100 reduziert, auf weiße Blätter geklebt, in eine Klarsichthülle gesteckt und in einem Ordner abgeheftet.
Die Bildkartei kann ständig aktualisiert und ergänzt werden.

○ **Feedback zur Klassengemeinschaft**

Alter
10–16 Jahre

Dauer
30 Minuten

Ziel
→ Selbst- und Fremdwahrnehmung

Beschreibung
Die Schüler stellen sich vor, sie sind auf
einem Maskenball. Sie dürfen einen Mitschüler darstellen. Hierbei kommt es auf die
Gestik, Mimik und Körperhaltung an. Den
Namen des betreffenden Schülers schreiben
sich die Schüler in die Handinnenfläche. Die eine Hälfte der Klasse spielt
den Maskenball, die andere Hälfte beobachtet und versucht, die jeweiligen
Mitschüler zu erkennen. Indem sie laut „Stopp!" rufen, hält der Maskenball
kurz inne und die Beobachter äußern ihre Vermutungen.
Dann geht der Maskenball weiter.

Hinweis
Weisen Sie die Schüler darauf hin, dass niemand beleidigt werden darf
und dass es darum geht, das momentane Verhalten der Mitschüler
in der Klasse darzustellen.

Visitenkarten

Feedback zur Klassengemeinschaft ◁

Alter
10–16 Jahre

Dauer
30 Minuten

Material
Karton, Scheren, Stifte

Ziel
→ kreatives Feedback

Beschreibung

Die Namen aller Schüler werden auf Zettel geschrieben und in einen Behälter gelegt. Jeder Schüler kann sich nun einen Namen ziehen. Seine Aufgabe besteht darin, eine Visitenkarte für die gezogene Person herzustellen. Diese enthält keine Daten über die Person, sondern versucht, sie mit Symbolen, Eigenschaften oder einem Lebensmotto zu beschreiben.

Anschließend werden alle Karten zusammengelegt und gemischt. Nacheinander werden die Karten gezogen und alle können raten, zu wem die Visitenkarte gehört.

Variante

Die Visitenkarten werden am Computer erstellt.

○ **Feedback zur Klassengemeinschaft**

 Alter
14–19 Jahre

 Dauer
30 Minuten

 Material
Feedback-Arbeitsblatt

 Ziel
→ Fremd- und Selbsteinschätzung

Beschreibung

Die Schüler sollen in Partnerarbeit jeweils beim Gegenüber einschätzen,
was er gut (**+**) oder nicht gut (**–**) kann und was er noch gerne lernen möchte (**?**).
Als Grundlage der Rückmeldungen dienen die Vorgaben auf dem Arbeitsblatt
(Gefühle zeigen, selbstsicher auftreten usw.). Dabei wird es besonders interessant,
wenn die Fremdeinschätzung mit der eigenen Wahrnehmung verglichen wird.
Hierbei steht vor allem der Feedback-Nehmer im Mittelpunkt.

Variante

Der Feedback-Nehmer sucht sich zwei bis drei Mitschüler aus, von denen er ein
Feedback erhalten möchte. Nach dem Ausfüllen setzen sich die Betreffenden
zusammen und unterhalten sich über die Rückmeldungen.

Hinweis

Bei dieser Übung sollte der Lehrer nochmals ausdrücklich auf die Feedback-
Regeln und deren Beachtung hinweisen.

Das kann ich gut!

Feedback zur Klassengemeinschaft ◁

	Fremdeinschätzung	eigene Einschätzung
Gefühle zeigen	☐	☐
selbstsicher auftreten	☐	☐
Fehler zugeben	☐	☐
auf andere Menschen zugehen	☐	☐
aufmerksam zuhören und andere aussprechen lassen	☐	☐
fair streiten	☐	☐
meine Meinung sagen, auch wenn es andere trifft	☐	☐
mich gegen Ungerechtigkeiten wehren	☐	☐
Mitgefühl zeigen	☐	☐
anderen Menschen vertrauen	☐	☐
ein/e gute/r Freund/in sein	☐	☐
gegenüber mir selbst ehrlich sein	☐	☐
geduldig sein	☐	☐
Kritik einstecken	☐	☐
pünktlich sein	☐	☐
Abmachungen einhalten	☐	☐

© Verlag an der Ruhr
Postfach 10 22 51 – 45422 Mülheim an der Ruhr
www.verlagruhr.de – ISBN 3-8346-0153-5

⊙ **Feedback zur Klassengemeinschaft**

Alter
14–19 Jahre

Dauer
30 Minuten

Material
Arbeitsblatt

Ziel
→ Feedback in Form von Ratschlägen

Beschreibung

Im Elternhaus und in der Schule erhalten Jugendliche viele Ratschläge.
Oft sind sie die Quelle großer Missverständnisse. Die Schüler sollen lernen,
die Ratschläge der Erwachsenen richtig zu verstehen. Sie sollen sich die
Sammlung der Ratschläge, die Rückmeldungen auf ein bestimmtes Verhalten
sind, zunächst in Ruhe durchlesen.

Anschließend bearbeitet jeder Schüler das Arbeitsblatt für sich und
notiert die Antworten auf folgende Fragen im Heft:
→ Welche Ratschläge werden mir erteilt? **Bitte ankreuzen!**
→ Wann und in welchem Zusammenhang habe ich sie gehört?
→ Wie verstehe ich diese Äußerung und was bewirkt sie bei mir?
→ Wie könnten das die Eltern, Erzieher oder Lehrer gemeint haben?

Im Plenum werden die Ergebnisse der persönlichen Reflexion besprochen.

Variante

Jeder Schüler sucht sich einen Ratschlag heraus und sucht Gleichgesinnte,
um mit ihnen darüber zu sprechen.

Feedback zur Klassengemeinschaft ◁

1. Werde erst mal erwachsen.

2. Das ist doch kein Umgang für dich.

3. Du wirst mir noch mal dankbar sein.

4. Wer nicht hören will, muss fühlen.

5. So spricht man nicht mit seinen Eltern.

6. Benimm dich!

7. Wo warst du schon wieder?

8. Wenn du nur einen Funken Verstand hättest.

9. Es wird gegessen, was auf den Tisch kommt!

10. Denk doch mal an später!

11. Das sagt man nicht.

12. Wenn ich dich dabei noch mal erwische!

13. Musst du immer das letzte Wort haben?

14. Reiß dich zusammen!

15. Deine Ausreden kannst du dir sparen.

16. Du wirst schon sehen, was du davon hast.

17. Das verstehst du noch nicht.

18. Was soll bloß aus dir werden?

19. Sei doch mal vernünftig!

20. Streng dich an!

21. Guck dir mal die anderen Kinder an.

22. Wie du wieder aussiehst.

23. Du raubst mir den letzten Nerv.

24. Solange du die Füße unter meinen Tisch stellst ...

25. Was sollen denn die Leute denken?

26. Das war das letzte Mal.

27. Daran solltest du dir mal ein Beispiel nehmen!

28. Das ist also der Dank.

29. Ich will doch nur dein Bestes.

30. Antworte gefälligst, wenn du gefragt wirst!

© Verlag an der Ruhr
Postfach 10 22 51 – 45422 Mülheim an der Ruhr
www.verlagruhr.de – ISBN 3-8346-0153-5

Alter
14–19 Jahre

Dauer
30 Minuten

Material
Arbeitsblatt

Ziel
▸ Rückmeldung über die Befindlichkeit einüben

Beschreibung

Jeder sucht sich zunächst einen Gesprächspartner und überlegt, welche auf dem Arbeitsblatt vorgegebene Antwort er momentan dem Mitschüler zuordnen würde. Beide setzen sich zusammen und der eine meldet dem anderen zurück, welche Antwort er auf die Frage *„Wie geht es dir?"* erwarten würde.
Er begründet dabei seine Einschätzung. Der Mitschüler kann nun nachfragen und der Einschätzung zustimmen oder sie korrigieren. Die gleiche Übung wird dann in umgekehrten Rollen durchgeführt.

Hinweis

Die Schüler sollen in Zukunft mehr über die Frage *„Wie geht es dir?"* nachdenken: Sind sie wirklich interessiert oder nutzen sie die Frage als Floskel?

Wie geht es dir?

Feedback zur Klassengemeinschaft ◐

> Wie geht es dir?

☐ Das geht dich überhaupt nichts an!

☐ Mir geht es heute nicht so gut!

☐ Schön, dass du fragst! Wollen wir darüber reden?

☐ Meinst du die Frage ernst?

☐ Mir geht es hervorragend!

☐ Mir geht es ganz schlecht!

☐ Man kann nicht genug klagen!

☐ Schlechten Leuten geht es immer gut!

☐ So, wie ich aussehe!

☐ Danke, gut!

☐ _____

☐ _____

© Verlag an der Ruhr
Postfach 10 22 51 – 45422 Mülheim an der Ruhr
www.verlagruhr.de – ISBN 3-8346-0153-5

○ **Feedback zur Klassengemeinschaft**

Alter
12–16 Jahre

Dauer
30 Minuten

Material
Papier, Stifte

Ziel
▸ Reflexion über die Klassengemeinschaft

Beschreibung
Die Schüler erhalten die Aufgabe, die Klassengemeinschaft mit einem Vergleich oder einer Metapher zu umschreiben und diese anschließend zu begründen.

Beispielsweise:
„Unsere Klasse ist wie eine Fußballmannschaft. Da gibt es Stürmer, die unbedingt ein Tor schießen wollen. Es gibt Schiedsrichter, die auf die Einhaltung der Regeln achten." usw.

Die auf einem Blatt Papier notierten Metaphern werden von den Schülern vorgestellt und anschließend an einer für alle sichtbaren Stelle im Raum aufgehängt.

Variante
Die Schüler einigen sich, welches Bild sie für ihre Klassengemeinschaft unbedingt ablehnen und welches sie für erstrebenswert halten.

Hinweis
Eine Metapher ist eine rhetorische Figur, mit deren Hilfe eine Sache im übertragenen bildhaften Sinne bezeichnet und somit verglichen wird.
Das sollte der Lehrer den Schülern klarmachen.

Lust-Frust-Spiel

Feedback zur Klassengemeinschaft ◐

 Alter
10–16 Jahre

 Dauer
ca. 30 Minuten

 Material
Spielfeld, Spielfiguren, Würfel

 Ziel
→ artikulieren, was Lust bzw. Frust macht

Beschreibung

Das Lust-Frust-Spiel ist ein unvollständiges Spiel, das von den Schülern ergänzt werden soll. Die Spielfeldvorlage muss zunächst mit Zahlen bzw. Pfeilen versehen werden, um den richtigen Weg kenntlich zu machen.
Dann werden den einzelnen Symbolen Bedeutungen zugeordnet:

Das finde ich momentan gut!
Darüber ärgere ich mich!
Mein Wunsch für die Zukunft!

Die einzelnen Smileys werden farblich gekennzeichnet und bestimmten Situationen zugeordnet (z.B.: grün = Unterricht, gelb = Mitschüler, rot = Schule). Dazu sollten Spielregeln vereinbart werden. Spielfiguren und Würfel gehören zur Grundausstattung des Spiels. Ziel des Spieles ist es, dass sich die Schüler über ihren momentanen Lust- bzw. Frustzustand äußern können.

Hinweis

→ Die Spielregeln und -inhalte sollten dem Alter entsprechend formuliert werden.
→ Es handelt sich bei dem Lust-Frust-Spiel um ein Selbsterfahrungs- und Kommunikationsspiel. Entsprechend müssen die Schüler darauf vorbereitet werden.

▶ **Feedback zur Klassengemeinschaft**

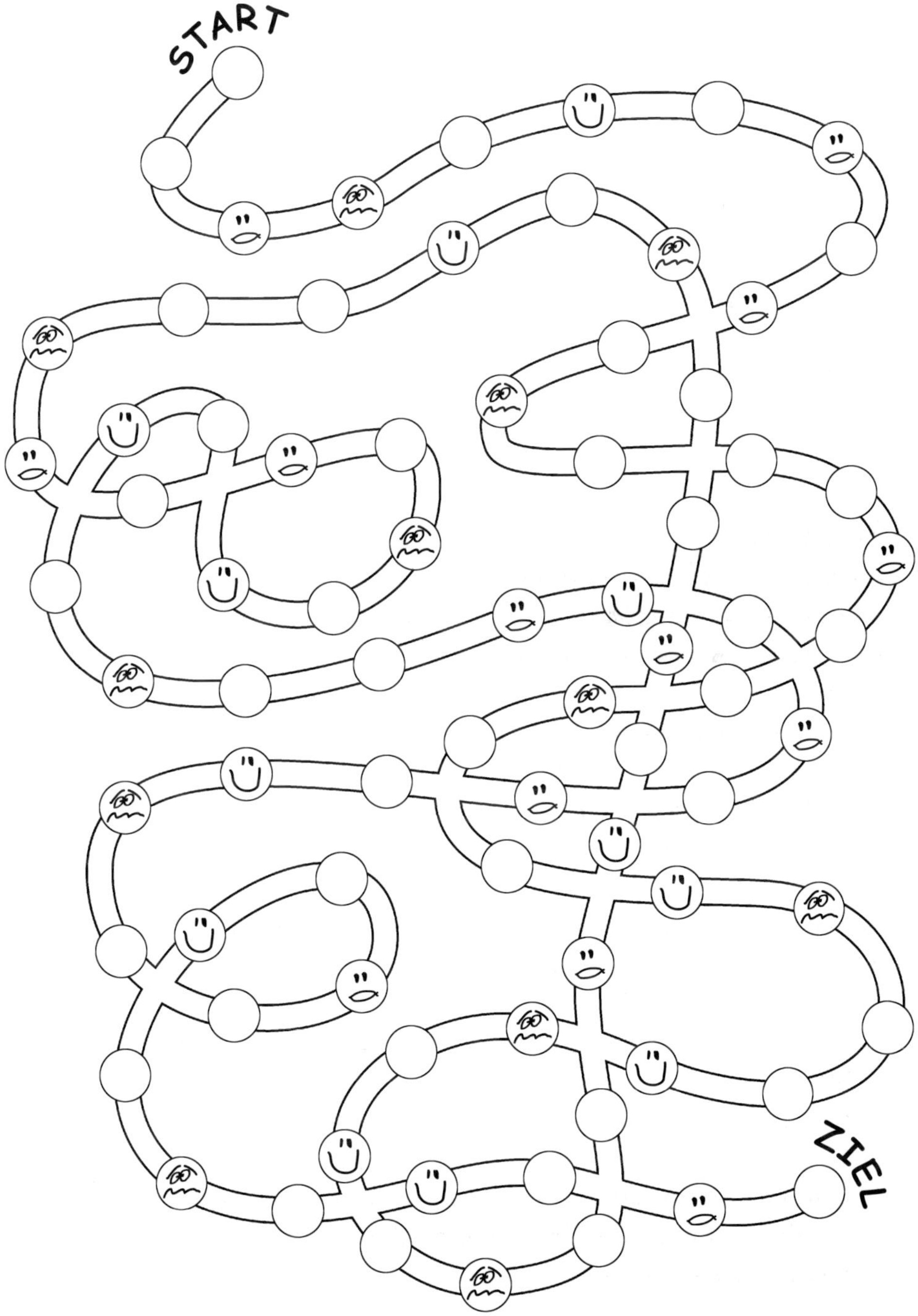

START

ZIEL

Beobachtetes Feedback

Feedback zur Klassengemeinschaft ◁

Alter
14–19 Jahre

Dauer
45 Minuten

Material
Feedback-Regeln

Ziel
→ Einüben von Feedback
→ Einhaltung der Feedback-Regeln (s. S. 65)

Beschreibung

Jeweils drei Personen bilden eine Feedback-Gruppe. Dabei gibt es einen
Feedback-Geber, einen Feedback-Nehmer und einen Beobachter.
Der Beobachter achtet genau darauf, dass die Regeln eingehalten werden.
Er kann sich während des Gesprächs einschalten. Den Inhalt des Feedbacks
(Arbeitsteilung in der Gruppe, Mitarbeit u.a.) legen die Schüler vorher
in der Klasse oder den Gruppen fest. Die Rollen sollten nach jeweils
fünf Minuten wechseln.

Variante

Der Beobachter äußert am Ende der Feedback-Phase seine Beobachtungen.

Hinweis

Manchen fällt es zunächst schwer, Rückmeldungen anzunehmen. Viele
Äußerungen werden als Angriff verstanden und man will sich verteidigen.
Diese Feedback-Methode soll Schülern dabei helfen, mit Feedback effektiv
umzugehen. Als Anschluss eignet sich Methode 68 „Feedback-Erfahrungen"
(s. S. 90).

⊙ **Feedback zur Klassengemeinschaft**

Alter
10–16 Jahre

Dauer
45 Minuten

Material
Arbeitsblatt, Stifte, Karten, Plakat

Ziel
➡ Körpersignale spüren und deuten lernen

Beschreibung

Die Schüler erhalten das Arbeitsblatt mit dem Körperumriss. Der Lehrer erläutert den Zusammenhang zwischen körperlichen Signalen, den Empfindungen sowie den Redewendungen.

In Kleingruppen sollen die Schüler zunächst das Arbeitsblatt auf ein Plakat übertragen. Auf Karten werden entsprechende Unterrichtssituationen notiert, in denen der Körper reagiert.

Zum Beispiel: Da bekomme ich weiche Knie: vor Klassenarbeiten, vor Wettkämpfen im Sportunterricht usw. Die Karten werden an die entsprechenden Stellen auf dem Plakat geklebt. Nach Beendigung der Gruppenarbeit werden die Ergebnisse im Plenum vorgestellt.

Variante

Verkürzte Version: Die Schüler bearbeiten lediglich das Arbeitsblatt.

Hinweis

Unser Körper ist ein gut ausgestattetes Warnsystem, das uns signalisiert, wenn etwas nicht stimmt oder sich positive Gefühle einstellen. Die Schüler sollen diesen Zusammenhang erkennen und sensibel dafür werden, um Stresssituationen besser bewältigen zu können.

Feedback zur Klassengemeinschaft ◄

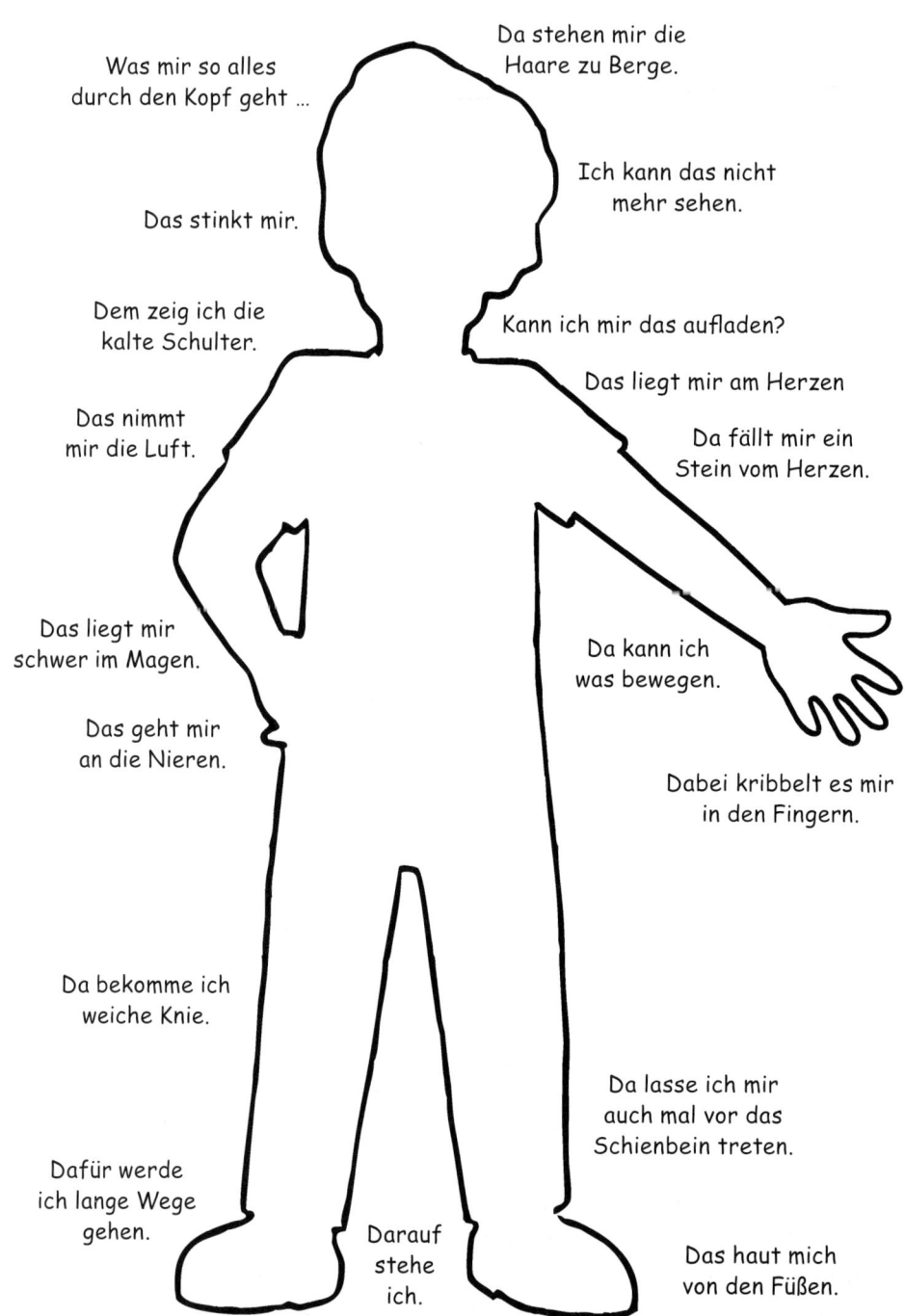

Was mir so alles
durch den Kopf geht ...

Da stehen mir die
Haare zu Berge.

Ich kann das nicht
mehr sehen.

Das stinkt mir.

Dem zeig ich die
kalte Schulter.

Kann ich mir das aufladen?

Das liegt mir am Herzen

Das nimmt
mir die Luft.

Da fällt mir ein
Stein vom Herzen.

Das liegt mir
schwer im Magen.

Da kann ich
was bewegen.

Das geht mir
an die Nieren.

Dabei kribbelt es mir
in den Fingern.

Da bekomme ich
weiche Knie.

Da lasse ich mir
auch mal vor das
Schienbein treten.

Dafür werde
ich lange Wege
gehen.

Darauf
stehe
ich.

Das haut mich
von den Füßen.

© Verlag an der Ruhr
Postfach 10 22 51 – 45422 Mülheim an der Ruhr
www.verlagruhr.de – ISBN 3-8346-0153-5

○ **Feedback zur Klassengemeinschaft**

Alter
12–16 Jahre

Dauer
45 Minuten

Material
Papier, Stifte

Ziel
▪ Situationsbeschreibung in bildhafter Sprache

Beschreibung

Aufgabe der Schüler ist es, mit Hilfe der Literaturgattung „Märchen" in bildhafter Sprache die Situation der Klassengemeinschaft zu beschreiben. Dabei können typische Merkmale, wie die formelhafte Sprache, verwendet werden (*„Es war einmal …", „… und wenn sie nicht gestorben sind …"*). Auch die Umwandlung von realen Personen (z.B. der Lehrer als der Löwe) macht das Märchen anschaulich und interessant. Es sollten dabei möglichst viele Personen, Rollen und Beziehungsmuster eingebunden werden. Etwa 20 Minuten hat jeder Schüler Zeit, um sein Märchen auf Papier zu bringen. Anschließend können die Märchen vorgetragen werden. Dabei wird nur zugehört und nicht diskutiert. Erst danach können die Schüler äußern, welche Erkenntnisse sie über die Klasse gewonnen haben.

Variante

▪ Nach Fertigstellung der Märchen wird ein Märchenbuch gestaltet.
▪ Die Märchen werden als Hörbuch aufgenommen.

Hinweis

Der Lehrer sollte zunächst auf die Erfahrungen der Schüler mit Märchen zurückgreifen (*Welche Märchen kennt ihr? Was ist typisch für den Inhalt? Wie ist die Sprache gestaltet?*). Das Formulieren von Märchen bietet viele sprachliche Freiheiten, indem mit vorhandenen Bildern und Motiven gespielt wird.

Soziogramm

Feedback zur Klassengemeinschaft ○

 Alter
16–19 Jahre

 Ziel
→ Beziehungen innerhalb
der Gruppe visualisieren

 45 Minuten

Beschreibung

Mit Hilfe eines Soziogramms können die Beziehungen zwischen den Schülern
einer Klasse/Gruppe grafisch dargestellt werden. Jeder Kreis steht für eine
Person. Die Nähe der Kreise zeigt, wie eng die Personen miteinander zu tun
haben. Pfeile und Symbole kennzeichnen die Intensität der Beziehungen:

> **+** = positive Beziehung
> **++** = besonders intensive Beziehung
> **—** = negative Beziehung, Probleme, Streit
> **——** = sehr negative Beziehung
>
> **→** = einseitige Beziehung
> **↔** = beidseitige Beziehung
> **O** = keine Beziehung

Die Pfeile können auch näher erläutert (gute Freunde, Neid, Angst) und durch
farbliche Markierungen ergänzt werden. Nach der Erstellung der Soziogramme
werden diese an eine Wand geheftet. Jeder Schüler kann sich die Ergebnisse
zunächst anschauen. Da die Darstellungen sehr subjektiv sind, gibt es kein richtig
oder falsch. Wer möchte, kann am Schluss der Gruppe eine Rückmeldung über
das Wahrgenommene geben.

Variante

In einem „lebendigen Soziogramm" verteilen sich die Schüler im Raum.
Ein Schüler hat die Aufgabe, die Beziehungen der Personen durch Nähe,
Entfernung oder Blickrichtung darzustellen.

Hinweis

Es gibt auch Programme, mit deren Hilfe Soziogramme am Computer anschaulich erstellt werden können: **www.freewarepage.de/download/1645.shtml** und
http://berg.heim.at/anden/420971/Soziogramm/Soziogramm.htm

Überlebensstrategien für frustrierte Lehrer

→ Lassen Sie Ihren Frust und Ihre schlechte Laune an Ihren Schülern aus. Sie sollen wissen, wo sie mit Ihnen dran sind.

→ Denken Sie immer daran und zeigen Sie es auch deutlich, dass Sie der Boss im Klassenraum sind.

→ Verweisen Sie freundliche Schüler in ihre Schranken und lassen Sie keine Schleimerei zu.

→ Nutzen Sie das Machtinstrument der Notengebung bis an die Grenzen des Erträglichen aus.

→ Wenn Sie in Ihrer Freizeit einem Schüler begegnen, schauen Sie demonstrativ auf die andere Seite.

→ Zeigen Sie Ihren Schülern deutlich, dass Sie Kinder hassen.

→ Von den Schülern brauchen Sie keine Liebe zu erwarten, die können Sie sich zu Hause holen.

→ Auch beliebte Kollegen haben Fehlen und Macken, die sie guten Gewissens den Schülern anvertrauen können.

→ Lassen Sie sich auf keine Diskussion über Noten mit den Schülern ein.

→ Die Schüler sollen Sie nicht mit ihren Sorgen belästigen. Dafür sind Sie nicht zuständig.

→ Verpassen Sie keine Chance, auf Ihren miesen Job mit den vielen Belastungen hinzuweisen.

→ Jammern Sie nach Möglichkeit bei jeder passenden und unpassenden Gelegenheit.

→ Ein Krankenschein vor oder nach den Ferien erhöht die Chance Ihres Wohlbefindens.

→ Denken Sie rechtzeitig an Ihren Ruhestand und beschäftigen Sie sich mit entsprechenden Krankheitsbildern, damit es mit der Frühpensionierung auch klappt.

→ Legen Sie sich ein Hobby zu, dem Sie sich in jeder freien Minute widmen.

→ Sie haben immer Recht. Schließlich sind Sie der Fachmann.

→ Nur nicht auffallen, ist Ihre Devise. Versuchen Sie nach Möglichkeit, Ihrem Schulleiter aus dem Weg zu gehen.

→ Lassen Sie sich von Eltern und Kollegen nicht in Ihren Unterricht reinreden.

→ Fortbildungen sind für Sie eine überflüssige und Zeit raubende Beschäftigung. Was einmal richtig war, ist auch heute noch gut genug.

→ Sie brauchen den Unterricht nicht vorzubereiten, denn es hat sich im Laufe der Jahre genug Material angesammelt.

→ Weigern Sie sich, an Klassenfahrten teilzunehmen. Sie sind Pädagoge und kein Animateur.

→ Nehmen Sie den jungen Kollegen früh genug ihre Illusionen.

→ Wehren Sie sich gegen schulinterne Anflüge von Kooperation und Teamarbeit. Sie sind und bleiben ein Einzelkämpfer.

→ Verlassen Sie fluchtartig das Schulgebäude, wenn es nach der letzten Stunde klingelt, denn das eigentliche Leben beginnt nach der Schule.

Literaturhinweise

Gerd Brenner, Kira Brenner:
Fundgrube Methoden I.
Cornelsen scriptor, 2005
ISBN 3-589-22149-6

Peter Dürrschmidt, Joachim Koblitz,
Marco Mencke:
**Methodensammlung für
Trainerinnen und Trainer.**
managerSeminare, 2005
ISBN 3-936075-29-8

Gustav Keller:
**Lerntechniken von A bis Z.
Infos, Übungen, Tipps.**
Verlag Hans Huber, 2005
ISBN 3-456-84210-4

Zymyat M. Klein:
**Kreative Seminarmethoden.
100 kreative Methoden für
erfolgreiche Seminare.**
Gabal Verlag, 2005
ISBN 3-89749-361-6

Zymyat M. Klein:
Kreative Geister wecken.
managerSeminare, 2006
ISBN 3-936075-36-0

Hans-Jürgen Kratz:
30 Minuten für richtiges Feedback.
Gabal Verlag, 2005
ISBN 3-89749-514-7

Hilbert Meyer:
Was ist guter Unterricht?
Cornelsen scriptor, 2004
ISBN 3-589-22047-3

Jenny Mosley, Helen Sonnet:
**101 Spiele zur Förderung von
Sozialkompetenz und Lernverhalten
in der Grundschule.**
Persen Verlag, 2006
ISBN 3-8344-3665-8

Franz W. Niehl, Arthur Thömmes:
212 Methoden für den Religionsunterricht.
Kösel Verlag, 2005
ISBN 3-466-36507-4

Matthias Nöllke:
Kreativitätstechniken.
Haufe Verlag, 2004
ISBN 3-448-06430-0

Ursula Oppolzer:
Super lernen. Tipps & Tricks von A–Z.
Humboldt Verlag, 2005
ISBN 3-89994-867-X

Ursula Oppolzer:
Verflixt, das darf ich nicht vergessen.
Humboldt Verlag, 2004
Bd. 1: ISBN 3-89994-884-X
Bd. 2: ISBN 3-89994-889-0

Andrea Solms:
**Konzentration trainieren. Gedächtnis
schulen und Stress abbauen.**
Compact Verlag, 2004
ISBN 3-8174-7280-3

Jürgen Thal, Uwe Ebert:
Methodenvielfalt im Unterricht.
Luchterhand Verlag, 2004
ISBN 3-472-05832-3

Arthur Thömmes:
**Produktive Unterrichtseinstiege.
100 motivierende Methoden
für die Sekundarstufen.**
Verlag an der Ruhr, 2005
ISBN 3-8346-0022-9

Heidi Trautmann, Thomas Trautmann:
**50 Unterrichtsspiele für
Kommunikation und Kooperation.**
Auer Verlag, 2003
ISBN 3-403-04012-7

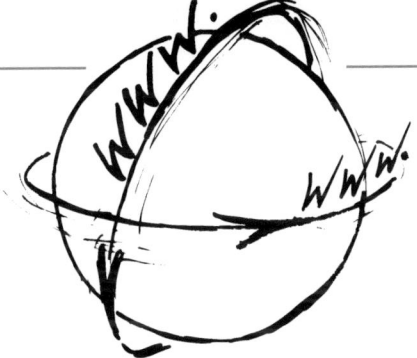

**www.learn-line.nrw.de/angebote/
methoden/info/index.html**

➡ Eine umfassende
Online-Methodensammlung

www.fundgrube-religionsunterricht

➡ Eine kreative Fundgrube
nicht nur für Religionslehrer

**www.uni-koeln.de/ew-fak/konstrukt/
didaktik/**

➡ Konstruktiver Methodenpool

**www.bpb.de/methodik/
5JRHMH,0,0,Methodensuche.html**

➡ Ein vielfältiger Methodenkoffer

www.spielereader.org/spielereader.pdf

➡ Ein Spiele- und Methodenreader

**www.bildungsverlag1.de/wps/portal/
unterrichtsmaterial/umat_fu_meth_1.asp**

➡ Ein umfangreiches Methodenlexikon,
das regelmäßig ergänzt wird

Verlag an der Ruhr

Die 1-2-3-Methode für Lehrer

Konsequent zum Lernen motivieren und Störungen vermeiden

Thomas W. Phelan, Sarah Jane Schonour
Kl. 1–8, 254 S., 16 x 23 cm, Pb.
ISBN 3-86072-974-8
Best.-Nr. 2974
18,– € (D)/18,50 € (A)/31,50 CHF

So erklär' ich das!

60 Methoden für produktive Arbeit in der Klasse

Kerstin Klein
Für alle Schulstufen, 140 S., 16 x 23 cm, Pb.
ISBN 3-86072-733-8
Best.-Nr. 2733
12,80 € (D)/13,15 € (A)/22,40 CHF

Methoden zum Unterrichten

Das Portfolio-Konzept in der Sekundarstufe

Individualisiertes Lernen organisieren

Thomas Wiedenhorn
Kl. 5–13, 95 S., A4, Pb., zweifarbig
ISBN 3-8346-0152-7
Best.-Nr. 60152
19,50 € (D)/20,– € (A)/34,20 CHF

Erste Hilfe Schulalltag

Lehren und Lernen optimieren

Unterrichtsvorbereitung, Unterrichtsmethoden, Klassenraumgestaltung

Chris Dickinson, Philip Waterhouse
Für alle Schulstufen, 144 S., 16 x 23 cm, Pb.
ISBN 3-86072-973-X
Best.-Nr. 2973
14,– € (D)/14,40 € (A)/24,50 CHF

Verlag an der Ruhr   Bücher für die pädagogische Praxis

Postfach 10 2251 • D–45422 Mülheim an der Ruhr
Tel.: 0208/495040 • Fax: 0208/4950495
E-Mail: info@verlagruhr.de